Kommunikation

Einführung

Der Autor

Dr. Oliver Bidlo, Kommunikationswissenschaftler, Soziologe und Germanist, arbeitet als freier Forscher, Verleger, Autor und unterrichtet in den Bereichen Soziologie, Wissenschaftstheorie und Kommunikation an verschiedenen Hochschulen und Universitäten. Er ist Mitglied der Deutschen Gesellschaft für Soziologie, der Martin Buber-Gesellschaft sowie der Deutschen Tolkien Gesellschaft.

Oliver Bidlo

Kommunikation

Einführung

ldib Verlag

Bibliografische Information der
Deutschen Nationalbibliothek
Die Deutsche Nationalbibliothek verzeichnet diese Publikation in der Deutschen Nationalbibliografie; detaillierte bibliografische Daten sind im Internet über http://dnb.ddb.de abrufbar.

Oldib Verlag, Waldeck 14, 45133 Essen
www.oldib-verlag.de, info@oldib-verlag.de
Druck: BoD, Norderstedt

Print: ISBN 978-3-939556-89-3
E-Book: ISBN 978-3-939556-90-9

Inhaltsverzeichnis

Vorwort und Einleitung

Eine Einführung zu schreiben, die allein mit einem Begriff – hier der „Kommunikation“ – betitelt ist, mag auf der einen Seite ein Leichtes sein, findet doch gerade keine Ein- oder Abgrenzung statt und man kann nahezu alles beliebig einbeziehen. Zum anderen führt dies nahezu zu einem „Ding“ der Unmöglichkeit, finden sich doch schon allein bei einer oberflächlichen Suche und Betrachtung unzählige Attributionen von Kommunikation und entsprechende Internetseiten, die hier scheinbar erste Erklärungen anbieten, z.B. zur Krisenkommunikation, gewaltfreier, sozialer Kommunikation, Kommunikation in sozialen Feldern, Organisationen, zu Konflikten, mit Mitarbeitern, von Führungskräften usw. Und so wie sich die Felder aufspalten, in denen Kommunikation spezifiziert wird, so wird sie dann in unmittelbare, nonverbale, digitale, mediale und weiteren Ausprägungen unterschieden. Die je eigenen Wirkungen, Möglichkeiten und Grenzen dieser Kommunikationsformen werden aber meist nur sehr rudimentär besprochen und problematisiert. Häufig bleibt es bei einer groben Einteilung von mittelbarer und unmittelbarer Kommunikation. Darauf soll später eingegangen werden.

Die vorliegende Einführung hat nun vor allen Dingen zwei Anliegen: Sie will eine echte Einführung für Studierende oder anderweitig Interessierte und Motivierte sein, die sich einen zügigen, aber gleichwohl fundierten Ein- und Überblick über ausgewählte Aspekte von Kommunikation verschaffen wollen. Es liegt in der Natur der Sache, dass es wesentlich mehr Punkte gibt, die man in dieser Einführung nicht findet, als man dann dezidiert vorfindet. Was man allerdings entdecken kann, und hierin liegt zugleich ein bescheidener Anspruch dieser Einführung, sind über die herkömmlich gelehrten und mittlerweile auch mitunter arg verstaubten Ansichten z.B. eines Sender-Empfänger-Modells oder auch dem fast schon klassisch zu nennenden Axiom zur Kommunikation von Paul Watzlawick et al. „Man kann nicht nicht kommunizieren“ hinausgehende Perspektiven. Auch wenn die traditionellen Modelle ebenfalls einen Platz in dieser Einführung einnehmen werden – das Sender-Empfänger-Modell als negativ abgrenzendes Beispiel (vgl. Kapitel 2) und Watzlawicks et al. Vorstellung von Kommunikation (vgl. Kapitel 3) als Wegbereiter moderner Perspektiven auf Kommunikation –, so sollen darüber hinaus weitere wichtige Ansätze in den Fokus gestellt werden. Dabei werden die einzelnen Perspektiven auf Kommunikation auch in ihrer Reichweite und Funktion reflektiert. Darüber wird dann – so die Hoffnung und der appelative Impuls – deutlich, dass es kein „Schweizer Taschenmesser“ an Kommunikationstheorie gibt, mit dem alle Reichweiten und Formen von Kommunikation gleichermaßen anschaulich gemacht, analysiert und (z.B. im Sinne eines Theorie-Praxis-Transfers) problemlösend eingesetzt werden können.

Das – wenn man so will – Motiv für diese „Kommunikation. Einführung“ liegt zuvorderst in der eigenen Lehre begründet und dort in einem doch immer wieder irritierenden Umstand. Als Dozent an vielen verschiedenen Hochschulen und Universitäten, in zudem ganz unterschiedlichen Fächern wie Soziale Arbeit, Pflege und Gesundheit, Soziologie, Sozialwissenschaften mit dem Schwerpunkt Kommunikation, Organisationsentwicklung oder auch Kriminologie fielen mir zwei Sachen ins Auge. 1.) Nahezu alle Fächer hatten ein Modul, einen Modulteil oder ein Grundlagenseminar „Kommunikation", in dem „Kommunikation" als (Basis-)Kurs gelehrt wurde. Wenn dann 2.) in meinen Seminaren (dazugehörigen Hausarbeiten), die mal Soziologie, mal Wissenschaftstheorie, Kriminologie/Profiling, Propädeutik, Mitarbeiterbeteiligung oder empirische Sozialforschung umfassten, die Sprache auf „Kommunikation" und Kommunikationsmodelle kam, kannten die Studierenden nahezu ausschließlich Formen und Varianten des Sender-Empfänger-Modells und hatten hier und dort natürlich noch etwas von Watzlawick oder von Schulz von Thun gehört. Besonders das heute in den Kommunikationswissenschaften nur noch negativ abgrenzende (und verstaubte) Sender-Empfänger-Modell von Shannon und Weaver war den allermeisten ein Begriff und wurde mitunter für die Beantwortung der ein oder anderen Frage in diesem Bereich immer wieder herangezogen. Problematisch ist das insofern, als die wesentlich wichtigeren und für den Menschen grundlegenderen Funktionen der Kommunikation wie Beziehungsaufbau, Identitätsentwicklung oder existentielle Anerkennung durch ein solches Sender-Empfänger-Modell erst gar nicht in den Blick kommen. Und gerade jene Aspekte sind es, die in den allermeisten o.g. Fächern und Fachbereichen wesentlich zentraler sind als die Frage nach einer „funktionierenden" Informationsübertragung von Sender zum Empfänger. So besitzt, zugegeben, diese Einführung in gewisser Hinsicht einen aufklärerischen Impuls, um den Lesern[1] „neuere" Modelle – und damit sind nicht immer zwangsläufig zeitlich neuere Ansätze zu verstehen, da die Ansätze z.B. von Goffman, Ungeheuer, Buber oder Luhmann selbst bereits als Klassiker bezeichnet werden (können) – anzuzeigen, die nicht nur anders sind, sondern Kommunikation *besser* beschreiben, analysier- und verstehbar machen. Denn auch der Wandel der Kommunikation z.B. zunehmend hin zu einer medial-digital vermittelten Form wirft alte, aber auch neue Fragen auf, die es heute in allen gesellschaftlichen Feldern zu beantworten gilt: Was ist der Unterschied zwischen analoger und digitaler Kommunikation, was *macht* Kommunikation mit uns? Welche *Wirkung* hat ein unmittelbares Gespräch im Vergleich zu digitalen Formen der Kommunikation, wie z.B. einem Videochat? So wird bereits an diesen heute gewöhnlichen Fragen deutlich, dass Kommunikation sich wandelt und das der Wandel von Kommunikation zumeist auch mit einem Medienwandel einhergeht. Auch wenn diese Einführung im Bereich der Kommunikation damit ein weiteres Feld öffnet – das der Medientheorie –, das hier kaum beschritten werden kann, so bilden die Medien der Kommunikation – die Sprache, der

[1] Aus Gründen der besseren Lesbarkeit wird bei Personenbezeichnungen und personenbezogenen Hauptwörtern das generische Maskulinum verwendet. Entsprechende Begriffe gelten grundsätzlich für alle Geschlechter.

menschliche Körper, das Smartphone oder allgemein die digitalen Medien – unweigerlich Referenzpunkte, zumindest aber eine Hintergrundfolie, die es mitzudenken gilt. Ob nun durch die disruptiven Veränderungen, die sich durch die Digitalisierung und Mediatisierung der Kommunikation und vor allem der Dynamisierung dieser Prozesse ergeben, ein Sender-Empfänger-Verständnis von Kommunikation revitalisiert wird, kann und soll hier im weiteren Verlauf des Bandes nicht konkret untersucht werden. Aber zweierlei ist in diesem Zusammenhang unerlässlich zu erwähnen: Zum einen hat die zunehmende Mediatisierung und Digitalisierung der Kommunikation zu qualitativen Veränderungen in der Kommunikation geführt und stellt überdies immer wieder die Frage: Was unterscheidet koleibliche face-to-face Kommunikation (also die Kommunikation unter physisch Anwesenden) von einer mediatisierten Form der Kommunikation (z.B. via Videochat)?

Zum anderen erweitert dies das Feld, über das zu sprechen ist, wenn von „Kommunikation" gesprochen wird. Und von „Kommunikation" wird in nahezu jedem geistes- und gesellschaftlichen Studiengang – wie erwähnt – entweder explizit beispielsweise über ein „Basismodul Kommunikation" oder ein Grundlagenseminar „Kommunikation" gesprochen oder es ist implizit Thema in Feldern der Organisationsentwicklung, des Marketings oder der (Konflikt-)Beratung. Kommunikation ist also studienrelevant und das nicht nur in praktischem Anspruch über Referate, Hausarbeiten, adäquat formulierte Mails oder weitere Formen, sondern überdies fachspezifisch, wenn es um Kommunikation mit Patienten, Kunden, Klienten, Projektpartnern, Schülern usw. geht.

Daher gibt es unterschiedliche Gründe, sich mit Kommunikation - auch im Studium und darüber hinaus - zu beschäftigen. Zum einen, weil Wissen über Kommunikation - über Begriffe, Modelle und Namen - unmittelbar prüfungsrelevantes Wissen darstellen kann. Zum anderen, weil solches Wissen ein Instrument der Analyse und Reflexion über Situationen im Alltag, Beruf oder Privaten sein kann und im Rahmen eines gelungenen Theorie-Praxis-Transfers auch sein sollte. Lose und beispielhaft sollen daher im Verlauf eines Kapitels Beispielsituationen beschrieben werden, wie mit den genannten Modellen und Theorien Kommunikationskonflikte oder Besonderheiten von Kommunikation erkannt und benannt werden können.

Kommunikation, und das soll an späterer Stelle thematisiert werden, ist sowohl die Lösung als auch das Problem.

1. Über Kommunikation

Kommunikation ist wichtig, so heißt es zumindest allenthalben. Aus diesem Grund gibt es die zuvor erwähnten Kommunikationsseminare oder Teilvorlesungen, die sich mit „Kommunikation“ auseinandersetzen. Warum aber gibt es diese genau? Gehen wir hier zunächst nochmals einen Schritt zurück. Kommunikation ist etwas, dass der Mensch nicht etwa erst in der Hochschule lernt, sondern ganz im Gegenteil mit der eigenen Bewusstwerdung, Eindrucks- und Ausdrucksfähigkeit beginnt. Man kann darüber streiten, ob ein Säugling schon kommuniziert (was sicherlich viele bejahen würden); nichtsdestotrotz stehen wir von Beginn an *in* Kommunikation, sind eingewoben in Sprache, stehen in einem Fluss von Zeichen und lernen Zug um Zug selbst Zeichen zu produzieren.

Zur Kommunikation gehört das (wechselseitige) Verstehen. Daher sind Menschen im Alltag immer auch Hermeneuten, betreiben Hermeneutik verstanden als die Kunst des Verstehens. Zeichen- und Symbolsysteme, in der Regel die Sprache, aber auch das gesamte nonverbale Kommunikationsrepertoire sowie auch weitere Symbolsysteme wie die Mode, das Schminken, Tätowierungen oder das Frisieren der Haare müssen „gelesen“ und verstanden werden. Dabei sind Zeichen und Symbole in der Regel nicht aus sich selbst heraus verstehbar, sondern besitzen eine Semantik, eine Bedeutungsebene, die der Einzelne von Geburt an fortlaufend über die Teilnahme an kommunikativen Situationen, der Wahrnehmung, Beobachtung solcher Situationen nach und nach erlernt. Es spinnt sich ein Bedeutungs- und Relevanzsystem, das dem Einzelnen als Referenzpunkt für das Verstehen dient. Er ist und wird immer mehr Teil einer Sprach- und Interaktionsgemeinschaft. Bedeutung ist dergestalt etwas, das nicht aus dem Nichts und vor allem nicht aus dem Einzelnen heraus wie aus einer Singularität entsteht, sondern zuvorderst auf der Grundlage der schon (vor)gegebenen Bedeutung, abgelegten Erfahrungen und einer über die Zeit sich ausbildenden Praxis entsteht. Die Sprache ist hier von der Perspektive vom Menschen, der in einer Gemeinschaft als Bedeutung erzeugendes Wesen eingefasst ist und darüber erst als Menschen zu bestimmen ist (anthropologische Perspektive).

Ein Beispiel für die kommunikative Konstruktion der Wirklichkeit und die Macht einer Sprach- und Interaktionsgemeinschaft kann man in dem Begriff „Ting/Thing" erkennen. In dem Begriff zeigt sich das englische „Thing" und das deutsche „Ding". Ursprünglich allerdings entstammt das „Thing" oder auch „Ting" dem Altnordischen und Germanischen. Dort bezeichnete es eine Zusammenkunft, Rats-, Volks- oder Gerichtsversammlung oder Besprechung einer Gruppe, eines Dorfes, Verbundes oder Volkes. Im Thing wurden Aspekte, die die Gruppe bzw. Gemeinschaft betreffen, besprochen, abgewogen und mithin letztlich *bedeutet*. D.h. die Pläne, Ansichten und Deutungen von etwas wurden kommunikativ mit Bedeutung versehen.

Abbildung 1: Germanische Ratsversammlung – Relief der Marc-Aurel-Säule, Rom.

So lässt sich das „Ding" im Deutschen (und im Englischen das „Thing") als etwas verstehen, das noch nicht genau bestimmt ist, das noch nicht – durch ein Thing bzw. eine Sprach- und Interaktionsgemeinschaft – mit Bedeutung versehen und damit in den Wissenskanon der Gemeinschaft eingeordnet wurde. Es muss folgerichtig zunächst gemeinschaftlich kommunikativ geklärt bzw. semantisch aufgeladen und eingeordnet werden. Erst dann, so könnte man sagen, erhält das Ding eine Bezeichnung, unter der es dann intersubjektiv verstehbar wird. Umgekehrt ist das von Immanuel Kant so bezeichnete „Ding an sich" – in dieser Hinsicht übrigens redundant – dann etwas, was zurückbleibt, wenn man alle subjektiven Zuschreibungen, Anhaftungen und Anschauungen abzieht.[2] Auch wenn das „Ding" heute eher auf die

[2] Hier kann man dann thematisch in die Erkenntnistheorie und Philosophiegeschichte abbiegen und sich der Diskussion zuwenden, ob es denn Dinge an sich gibt oder nicht oder dem Universalienstreit in

kommunikative und informative Kompetenz des Sprechers verweist und weniger den tatsächlichen Kanon der Sprach- und Interaktionsgemeinschaft anzeigt, lässt sich an diesem Beispiel gut veranschaulichen, dass es die Menschen selbst sind, die den Dingen (und Sachverhalten) ihren Namen geben. Dabei *erzeugen* sie nicht selbst und in einem Akt der Neuschöpfung die Bedeutung. Es ist vielmehr ein Netz aus praktischen Handlungen und Interaktionen und dem soziohistorischen Kontext, aus dem sich Begriffe und Bezeichnungen bilden, stabilisieren und im Rahmen der Prozesse sozialen Wandels auch verändern. Die *Bedeutung* als Ausdruck der Semantik stellt eine Seite von Kommunikation dar, eine weitere Seite handelt von der Situation, von der Form der Kommunikation.

So wurde und wird kommunikationshistorisch zwischen leiblich ko-präsenter face-to-face Kommunikation – sprich die Kommunikation unter physisch anwesenden Personen –, die als ursprüngliche Kommunikationssituation aufgefasst wird, und medienvermittelter Kommunikation unterschieden. Mit dem Aufkommen und der Etablierung der neuen Medien, die auch physisch immer näher an den menschlichen Körper heranrückten,[3] wandelte sich auch das Verständnis dessen, was unter sozialer Kommunikation verstanden wurde. Auch wenn der

---

der Philosophie, der u.a. in der mittelalterlichen Scholastik zwischen den Nominalisten und Realisten ausgetragen wurde und der die Frage zum Gegenstand hatte, ob Allgemeinbegriffe (z.B. „Menschheit“) eine *wirkliche*, ontologische Existenz aufweisen oder nur im Verstand existieren, d.h. dort ohne ontologische Entsprechung gebildet werden.

[3] Man denke an die Smartwatch, die direkt am Körper getragen wird, ebenso wie das Smartphone, das meist in Griffweite liegt.

Mensch schon spätestens seit der Etablierung eines Post- und später eines Telefonsystems die Möglichkeit hatte, mit nicht Anwesenden zu kommunizieren, war (und ist noch immer) die leiblich ko-präsente Kommunikation die paradigmatische Form der sozialen Kommunikation. Dies musste in früherer Zeit kaum betont werden, da die Menschen trotz der Nutzung von Telefon, Zeitung und selbst des Fernsehers in der Regel unmittelbar miteinander kommunizierten.

Menschen sprachen z.B. mit anderen anwesenden Menschen und in diesem Zusammenhang wurde dann von kommunikationstheoretischer Seite immer auch die Vielfalt der Kommunikationskanäle betont: Verbale wie nonverbale Kommunikation, Gestik und Mimik, all dies war und ist in unmittelbarer sozialer Kommunikation enthalten und wirksam. Nicht selten wird daher in diesen unmittelbaren Formen der Kommunikation der Begriff des Authentischen aufgeworfen. Authentizität, die Echtheit und Wahrhaftigkeit einer Person und des von ihr Gesagten ist rückgekoppelt an den Körper, der letztlich Träger, Produzent sowie Rezipient von Kommunikation ist. Als Gegenbegriff hatte sich im 20. Jahrhundert der Begriff der Massen(medien)kommunikation, aber auch die aufkommende Mensch-Maschine-Kommunikation (Interaktion) und Kybernetik etabliert. In diesem weiten Feld der Massenmedienkommunikation wurden – auch vor dem Hintergrund z.B. der Propagandaforschung – das Radio und das Fernsehen als Massenmedien behandelt.[4]

[4] Ausgewählt verwiesen soll hier exemplarisch auf Bertolt Brechts

In diesem Kontext wurde in der Regel nicht von sozialer Kommunikation gesprochen und man musste dies auch nicht, da einsichtig war, dass diese Formen der Kommunikation anders als unmittelbare face-to-face-Kommunikation abliefen. Es gab keinen Feedback-Kanal oder aber – bei der Mensch-Maschine-Kommunikation – keinen ‚wirklichen' Gesprächspartner (vgl. Bidlo 2018b: 173 ff.). Unter sozialer Kommunikation wurde daher zwar nicht immer explizit, so doch implizit die unmittelbare Kommunikation verstanden, die leiblich ko-präsente Form von Kommunikation. Nun ist diese Betrachtung insofern wichtig, weil ein solcher Blick auf Kommunikation diese eben nicht nur als eine reine Informationsübertragungstechnik versteht – das wird die wiederkehrende Kritik am Sender-Empfänger-Modell (vgl. Kapitel 2) sein –, sondern ein Mehr darin sieht. Zunächst klassisch für ein rein informationstechnisches Verständnis von Kommunikation ist das Modell von Shannon und Weaver (s. ausführlicher Kapitel 2), d.h. ein Sender-Empfänger- bzw. Transportmodell von Kommunikation. Ein Sender übermittelt eine Nachricht zu einem Empfänger, dafür wird die Nachricht kodiert über einen Kanal übertragen und später vom Empfänger dekodiert, der dann die Nachricht erhält bzw. vorliegen hat. Schnell wurde ein solches Kommunikationsmodell erweitert bzw. auch da-

„Radiotheorie", die weniger eine Theorie, als vielmehr eine kreative Auseinandersetzung über einige Aufsätze hinweg mit dem Medium Radio war. Exemplarisch hier „Der Rundfunk als Kommunikationsapparat. Rede über die Funktion des Rundfunks" (1932/33), weil es bereits dort darum ging, dass der Zuhörer auch zu einem echten Interaktionspartner werden müsste, das Radio sich von einem Distributionskanal zu einem Kommunikationsapparat wandeln müsste.

hingehend kritisiert, dass Kommunikation doch mehr sei als nur Nachrichtenübertragung. Zunächst müssen die Menschen, die miteinander kommunizieren einander intentional, also absichtsvoll zugewandt sein. Kommunikation dient jedoch nicht nur der reinen Informationsübermittlung, sondern besitzt ein oben angedeutetes Mehr, dient z.B. auch dem Identitätsaufbau (z.B. Mead 1993, Flusser 2002, 2003), des Absicherns von wechselseitigem Verständnis, der Selbstverwirklichung und letztlich der wechselseitigen Anerkennung (Resonanz) des Menschen als Menschen. In dieser Sichtweise auf Kommunikation ist sie für den Menschen eine grundsätzliche Handlung, die den Menschen erst zu dem macht oder werden lässt, was er ist. Der Mensch kommuniziert, um sich seiner Existenz zu vergewissern, ja um seine menschliche Existenz erst einmal zu begründen.[5] In der Dialogphilosophie Martin Bubers wird der Mensch erst zu einem Menschen in einem echten Dialog mit einem anderen Menschen. Und es versteht sich nahezu von selbst, dass Buber hier die Unmittelbarkeit u.a. als vorauszusetzenden Rahmen einfordert (Buber 1962). Karl Jaspers spricht sogar von existentieller Kommunikation (Jaspers 1956). Denn menschliche Existenz ist auf den anderen gerichtet, daher ist Kommunikation das Greifen nach dem Anderen in seiner Ganzheit. Diese existentielle Kommunikation ist Daseinskommunikation, in der man erst das eigene Sein mit dem Anderen hervorbringt. Jaspers schreibt zur existentiellen Kommunikation.

[5] Dies wird deutlich z.B. bei Vilém Flusser 2002 und 2003, Martin Buber 1962, Karl Jaspers 1956, denen wir uns zum Teil in einem späteren Kapitel (Kapitel 7) zuwenden werden.

„Existentielle Kommunikation ist nicht vorzumachen und nicht nachzumachen, sondern schlechthin in ihrer jeweiligen Einmaligkeit. Sie ist zwischen zwei Selbst, die nur diese und nicht Repräsentanten, darum nicht vertretbar sind. Das Selbst hat seine Gewißheit in dieser Kommunikation als der absolut geschichtlichen, von außen unerkennbaren. Allein in ihr ist das *Selbst für das Selbst in gegenseitiger Schöpfung*. In geschichtlicher Entscheidung hat es durch Bindung an sie sein Selbstsein als isoliertes Ichsein aufgehoben, um das Selbstsein in Kommunikation zu ergreifen" (Jaspers 1956: 51, Herv. i. Org.).

Die oben angesprochene Ganzheit des Eigenen und Anderen findet sich zuvorderst in der unmittelbaren Begegnung. Soziale Kommunikation impliziert daher genau das: Die Anwesenheit der Kommunikationspartner, zumindest aber wird die Kommunikation unter Anwesenden als höher oder „wertvoller" verstanden, eben als echte, authentische Kommunikation angesehen.

Der Soziologe Alfred Schütz hat die face-to-face Situation ebenfalls als die soziale Situation gekennzeichnet, in der zwei Menschen, wie er es nennt, ihre Bewusstseinsströme parallelisieren können:

„Ich erfahre einen anderen Menschen unmittelbar nur dann, wenn er mit mir einen gemeinsamen Sektor des lebensweltlichen Raums und der Weltzeit teilt. Nur dann erscheint mir der andere in seiner Leiblichkeit: sein Körper ist für mich ein wahrnehmbares und aus-

> legbares Ausdrucksfeld, das mir sein bewußtes Leben erschließt. Nur dann ist es mir möglich, daß mein Bewußtseinsstrom und sein Bewußtseinsstrom in echter Gleichzeitigkeit verlaufen können: er und ich altern zusammen. Die Begegnung (face-to-face situation) ist die einzige soziale Situation, die durch zeitliche und räumliche Unmittelbarkeit gekennzeichnet ist. Sowohl der Stil als auch die Struktur der sozialen Beziehungen und Handlungen, die in dieser Situation stattfinden, sind dadurch wesentlich bestimmt" (Schütz und Luckmann 1994: 90-91).

In den 1950er und anschließenden Jahren erlebte nun die Reflexion über Medienkommunikation, ihre Funktion und Reichweite eine Hochphase und verdichtete sich zu einer Kritik gesellschaftlicher Verhältnisse. Die beiden von Prokop (1972 und 1973) herausgegebenen Sammelbände „Massenkommunikationsforschung: 1. Produktion" und „Massenkommunikationsforschung: 2. Konsumtion" können hier beispielhaft genannt werden. Sie vereinen eine Vielzahl von Beiträgen, die sich dem „Strukturwandel der Öffentlichkeit" (Habermas 1990) zuwenden und darüber gesellschaftliche Veränderungen, Machtkonzentrationen und den Einfluss der Massenmedien auf die Rezipienten ausweisen. In einem direkten Zusammenhang stehen hier der Ende der 1970er Jahre angestoßene Bürgerfunk und die offenen Kanäle, in denen Bürger „Medien" machen usw. Die medienpädagogische Idee dahinter war zum einen, den Menschen einen Blick hinter die Kulissen zu ermöglichen und über das

praktische Tun Kenntnisse über die (produktive wie rezeptive) Wirkungsweise zu vermitteln. Zum anderen ermöglichte ein solcher Bürgerrundfunk eine lokale und regionale Partizipation der Bürger an der Meinungsbildung.
So fokussiert auch eine frühe (ausdrückliche) Kommunikationssoziologie (vgl. Holzer 1973) insbesondere auf die Formen massenmedialer Kommunikation und stellt sie kritisch in eine direkte Verbindung zu einer machtspezifischen, kapitalistischen Perspektive. Die massenmediale Kommunikation liegt in den Händen weniger „Kommunikationsfabriken" (Holzer 1973: 9), wie z.B. zu jener Zeit des Springer-Konzerns, und ist privatwirtschaftlich und ökonomisch geprägt. Vor diesem Hintergrund fragt die kapitalismuskritische Kommunikationssoziologie zu jener Zeit:

> „Muß die Idee des mündigen Bürgers (was immer das sein mag) nicht gerade deshalb eine Fiktion bleiben, weil informierte Demokratie und kapitalistische Produktion von Information beziehungsweise deren Abhängigkeit vom werbungstreibenden Kapital eben nicht zusammengehen? Und schließlich: Wessen Bedürfnisse und Interessen sind es eigentlich, die das Kommunikationssystem der Bundesrepublik steuern, und wie läuft diese Steuerung konkret ab?" (Holzer 1973: 9)

Kommunikation, verstanden als die Produktion und Distribution von Informationen, besitzt gesellschaftliche

Relevanz, ist politisch. 50 Jahre später haben sich die Formen der Produktion, Distribution und Rezeption von Inhalten und Informationen deutlich verändert, der Einzelne ist zu einem „Prodisumenten“ (Bidlo 2019: 333) geworden, der selbst fortwährend Inhalte produziert (Bilder, Kommentare, Videos usw.), distribuiert (digital-soziale Netzwerke) und diese von anderen wiederum selbst rezipiert. Entscheidend an dieser triadischen Form ist, dass sie erst durch die Digitalisierung der Inhalte sowie der fortwährenden Verfügbarkeit entsprechender Techniken (z.B. durch ein Smartphone auf der einen und sozialen Netzwerken auf der anderen Seite) eine im Vergleich zur Vergangenheit unerreichte Dynamisierung erfahren hat. Produktion, Distribution und Konsumtion (sprich: das Rezipieren) verschmelzen zu eben jener neuen Figur des Prodisumenten. Man produziert Artefakte (z.B. Foto, Videos, Texte), um sie unmittelbar teilen (distribuieren) zu können und in Erwartung einer Rezeption und Reaktion, die wiederum selbst bei den Artefakten (Bilder, Tweets, Nachrichten, Memes usw.) anderer vorgenommen wird.

Wenn sich nun durch z.B. technische Innovationen Kommunikationsformen ändern, dann wirkt dies nicht nur an der Oberfläche einer Gesellschaft und ihrer Individuen, sondern es hat eine tiefenästhetische Wirkung. Für den Wandel und die Wirkung von Medien und Kommunikation auf den Menschen und die Gesellschaft hat dies beispielhaft Marshall McLuhan in seinem Buch „Die Gutenberg-Galaxis“ ausgewiesen und u.a. in seinem Band „Das Medium ist die Botschaft“ (zuerst 1967: The medium is the massage) weitergeführt. Eine Anekdote oder neudeutsch „Fun Fact“ erklärt übrigens die Titelunschärfe bei der Übersetzung vom Englischen ins Deutsche (zumindest der ersten Auflagen auf Deutsch). Das Buch sollte „The Medium is the Message“ heißen. Im Rahmen von Schriftsetzarbeiten wurde versehentlich das „e“ mit einem „a“ vertauscht und aus „Message“ wurde „Massage“. McLuhan war davon so begeistert, dass er dafür plädierte, dass der „falsche“ Titel für die Originalausgabe übernommen wird. Denn in dem Aspekt der „Massage“ sah er den tiefliegenden Aspekt, dass die Medien die Sinne *massieren* und mithin sie selbst einen sublimen Wirkungscharakter haben. Hierin überschneiden sich „Botschaft“ und „Massage“, während allerdings die sublime, unterschwellige Ebene, auf die Medien auf das Individuum und die Gesellschaft wirken, in dem Fehlbegriff „Massage“ deutlicher wird. Als empirisch belegter Grundgedankengang – über die Reichweite lässt sich gleichwohl streiten – ist hier hinterlegt: Was wir denken, wie wir denken und welche Deutungen von Welt wir haben, ist immer auch bestimmt durch Kommunikation. Kommunikation ist stets auch an die Techniken und Praktiken gebunden, mit denen kommuniziert wird. Damit ist immer dann besonders auf die Formen und Arten und Weisen von Kommunikation zu schauen, wenn sich die medialen Formen und daran anschließend auch die Praktiken von Kommunikation ändern. Der Weg vom Buch zu audiovisuellen Formen der Kommunikation und dann zu dem, was wir heute Digitalisierung und Mediatisierung nennen, ist ein Kennzeichen der heutigen

Zeit (vgl. z.B. Bidlo 2018a und 2019). Kommunikation ist mit Medien verschränkt, die mit Gesellschaft verschränkt sind und wechselseitig aufeinander einwirken.

2. Vom Sender zum Empfänger und wieder zurück?

Eines der Grundmodelle, das immer wieder in der ein oder anderen Form thematisiert wird, wenn von Kommunikation die Rede ist, ist das klassische Sender-Empfänger-Modell von Shannon und Weaver aus den 1940er Jahren. Zum einen besticht es mit seiner Einfachheit und klaren Struktur. Zum anderen bestätigt es sich doch in der alltäglichen Vorstellung und scheinbar auch der Praxis; zumindest in einigen Ausschnitten des Alltags. Es gibt einen Sender, der eine Botschaft hat und diese über einen Kanal an den Empfänger übermittelt. Der Empfänger erhält die Botschaft, sofern es kein zu großes „Rauschen im Kanal“ zwischen ihm und dem Sender gibt (noise source) und kann entsprechend die Nachricht aufnehmen. Das betrachtete Kommunikationssystem kann symbolisch bekanntlich wie folgt dargestellt werden:

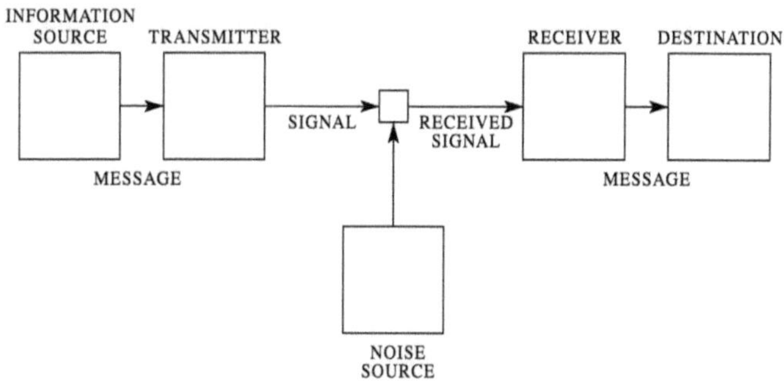

Fig. 1 — Schematic diagram of a general communication system.

Abbildung 2: Shannon und Weaver 1964: 7.

Es ist kein Zufall, dass eine nahezu deterministische Vorstellung von Kommunikation dem Problemdenken und der Problemstellung zweier Mathematiker entsprang, deren Aufgabenstellung es war, für ihren Arbeitgeber – eine Telefongesellschaft – an einer technischen Verbesserung und an störungsfreieren Telefongesprächen zu arbeiten. Hier spielten also Fragen nach der Datenübertragung, möglichen Störungen und des darüber zu planenden Kanals für die Informationsübertragung eine zentrale Rolle. Wie entstehen Störungen, wie können diese vermieden werden und wie lässt sich ein möglichst störungsfreier Informationsfluss zwischen Sender und Empfänger herstellen? Shannon und Weaver entwickelten eine mathematische Informationstheorie bzw. „The Mathematical Theory of Communication“ (1964). Dennoch hatten sie den Anspruch, Kommunikation in einem weiten Sinne zu erfassen:

> „The word communication will be used here in a very broad sense to include all of the procedures by which one mind may affect another. This, of course, involves not only written and oral speech, but also music, the pictorial arts, the theatre, the ballet, and in fact all human behavior“ (Shannon/Weaver 1964: 3).

Und auch wenn es in dieser mathematischen Form der Kommunikationstheorie um technische Aspekte ging, so war dies nicht die alleinige Problemebene, die sie auswiesen:

> „Relative to the broad subject of communication, there seem to be problems at three levels. Thus it seems reasonable to ask, serially:
> LEVEL A. How accurately can the symbols of communication be transmitted? (The technical problem.)
> LEVEL B. How precisely do the transmitted symbols convey the desired meaning? (The semantic problem.)
> LEVEL C. How effectively does the received meaning affect conduct in the desired way? (The effectiveness problem)“ (Shannon/Weaver 1964: 4).

Shannon und Weaver waren sich also sehr wohl der semantischen Problemebene bewusst und formulierten hier auch bereits, dass man im sprachlichen Bereich durch Erklärung immer eine Annäherung an das wechselseitige Verstehen erreichen, aber Unsicherheiten über das wechselseitige Verständnis nie ganz beseitigen könne. Die in der Rezeption oft vorgenommene Kritik, dass das Modell keine semantische Ebene habe bzw. eine solche von den Verfassern nicht mitgedacht wurde, stimmt in dieser Form daher nicht vollends. Man kann hier höchstens – und richtigerweise – von einer nicht ausreichenden Berücksichtigung einer solchen sprechen. Beide verknüpfen bereits das semantische Problem mit dem Begriff der Identität. Wie lässt sich eine zufriedenstellende Annäherung zwischen der Interpretation des Empfängers und der beabsichtigten Deutung des Senders erreichen? „This is a very deep and involved situation, even when one deals only with the relatively simpler problems of communicating through speech“ (Shannon/

Weaver 1964: 4). Das Effektivitätsproblem weist anschließend auf eine Ebene, die die heutige wesentliche Absetzbewegungen zu diesem Modell erklärt.

> „The effectiveness problems are concerned with the success with which the meaning conveyed to the receiver leads to the desired conduct on his part. It may seem at first glance undesirably narrow to imply that the purpose of all communication is to influence the conduct of the receiver. But with any reasonably broad definition of conduct, it is clear that communication either affects conduct or is without any discernible and probable effect at all.
> The problem of effectiveness involves aesthetic considerations in the case of the fine arts. In the case of speech, written or oral, it involves considerations which range all the way from the mere mechanics of style, through all the psychological and emotional aspects of propaganda theory, to those value judgments which are necessary to give useful meaning to the words ‚success' and ‚desired' in the opening sentence of this section on effectiveness.
> The effectiveness problem is closely interrelated with the semantic problem, and overlaps it in a rather vague way; and there is in fact overlap between all of the suggested categories of problems" (Shannon/ Weaver 1964: 5-6).

Zum einen wird das Effektivitätsproblem mit dem Semantik-Problem verknüpft, vor allem aber steht der Erfolg über eine Handlungsbeeinflussung bzw. eine Wirkung im Mittelpunkt. Eine solche Perspektive *kann* nicht zu dem Punkt gelangen, dass Kommunikation unabhängig vom Erfolg der übertragenen Informationen und dem Verstehen der semantischen Ebene eine Vorstellung erreicht, in der Kommunikation Anerkennung, Vertrauen, Identitätszuschreibung oder -bestätigung beinhaltet. Stärker wird hier der unmittelbare Wirkungsaspekt in den Mittelpunkt geschoben. Kommunikation hat als Ziel, das Verhalten des Gegenübers zu beeinflussen, und zwar auf eine unmittelbar sicht- und wahrnehmbare Art und Weise.

In diesem Zusammenhang unterstellt eine solche mathematische Logik eine Möglichkeit der (annähernden) Inhaltsgleichheit von dem, was der Sender sendet und dem, was der Empfänger empfängt. Denn Shannon und Weaver sehen – trotz der o.g. und zugestandenen Nennung und ersten Berücksichtigung einer semantischen Ebene – in diesen Ebenen (Level B und C) nur solche, die nicht zur grundsätzlichen Revision ihres Ansatzes führt, sondern diesen höchsten in Nuancen ergänzen kann. „It is almost certainly true that a consideration of communication on levels B and C will require additions to the schematic diagram on page 7, but it seems equally likely that what is required are minor additions, and no real revision“ (Shannon/Weaver 1964:). Um das Sender-Empfänger-Modell von Kommunikation, das auf einer *Mathematical Theory of Communication* gründet, in dem Verständnis von Shannon und Weaver daher nochmals für einen heutigen (sozialwissenschaftlich grundierten) kommunikationstheoretischen und -analytischen Kontext zusammenzufassen: Das Sender-Empfänger-Modell beschreibt in erster Linie den technischen und abstrakten Vorgang eines Austauschs von Informationen. In dieser Form findet er jedoch bei Menschen nicht statt. Weder wird die zentrale semantische Ebene ausreichend berücksichtigt (aber erwähnt), noch wird das typisch *Menschliche*, das an der (menschlichen) Kommunikation interessiert, ausreichend in den Blick genommen: Dass nämlich menschliche Kommunikation vielfältige Funktionen hat (Verständnisabsicherung, Identitätsaufbau, Anerkennung des Gegenübers und dann auch den Informationsaustausch) und in einer prozessualen Wechselwirkung stattfindet, die nur modellhaft eine Unterscheidung von Sender und Empfänger kennt, in der Praxis jedoch in der Regel ein stetes Oszillieren zwischen beiden zu konstatieren ist. Unbewusstes oder erst später Bewusstes, Implizites oder eine Veränderung des Nachrichtengehalts auf der Grundlage einer neuen Deutung sind Aspekte, die ein solches Modell nicht oder nicht adäquat erfassen kann. Für das Erfassen, Verstehen und die Analyse menschlicher Kommunikation ist dieses Modell daher ungeeignet und deutlich zu unterkomplex, hat eher einen negativ-abgrenzenden Wert im Rahmen der Reflexion von menschlicher Kommunikation und überdeckt die wesentlichen Aspekte menschlicher Kommunikation, als das es diese erhellt. Die Einfachheit des Modells mag in den letzten 80 Jahren dafür Pate gestanden haben, dass es über die Zeit und bis heute noch meist unreflektiert und auch fehlerhaft rezipiert wird. Auch eine falsch verstandene „Anbiederung“ an technische-mathematische Sichtweien vonseiten der Sozialwissenschaften mag ein Grund dafür gewesen sein. Der Wikipedia-Eintrag zu diesem Modell verweist auf die Geisteswissenschaften, Arbeits- und Organisationspsychologie, Psychologie, Pädagogik, die ärztliche Kommunikation und sogar das Bauwesen, in der das Modell heute noch immer Anwendung und Bezug findet. Ein Grund für dieses Kapitel (und die weiteren Kapitel dieses Buches) liegt auch in diesem (problematischen) Sachverhalt begründet, der anzeigt, dass selbst jene Disziplinen, die es besser wissen müssten, immer noch einem für ihren Arbeitsbereich reduktionistischen Ansatz anhängen. Friedrich Krotz (2008) bringt es pointiert auf den Punkt, wenn er betont:

> „Hätte sich die Soziologie Wirkformen wie ‚Induktion‘ ausgedacht oder so etwas wie die Heisenbergsche Unschärferelation aufgestellt, nach der es Materie gibt, deren Geschwindigkeit oder deren Masse man feststellen kann, nicht aber beides gleichzeitig, hätte sich die Soziologie darauf verständigt, dass Licht mal als Wellen (etwa im Falle der Brechung) und mal als Korpuskeln (im Hinblick auf den Energietransport) verstanden werden muss, wäre Einstein als Soziologe mit der Behauptung an die Öffentlichkeit getreten, dass der Verlauf der Zeit von Geschwindigkeiten und ihren Relationen abhängt – man hätte der Soziologie vorgeworfen, sie stelle ihren Charakter als Wissenschaft in Frage. [...] Wie soll man dann mit mathematischen Modellen allein die sicher komplexere soziale

> Wirklichkeit adäquat fassen können? Erst recht, wenn man in Anlehnung an die Naturwissenschaften immer wieder auf essentialistische Wirklichkeitskonzeptionen zurückfällt und beispielsweise die Identität des Menschen primär als ein Sich-selbst-gleich-sein-über-die-Zeit-hinweg wie die Identität eines Steines konzipiert, obwohl menschliche Identität prozessual in der fragilen Wirklichkeit zwischenmenschlicher Kommunikation entsteht und biographisch fortlaufend reproduziert wird"? (Krotz 2008: 1)

Will man menschliche Kommunikation erfassen und analysieren, dann muss man sich des sinnhaften Aufbaus der sozialen Welt (Schütz 1993 [1932]) gewahr werden, der gerade nicht einem logischen Aufbau der Welt (Carnap 1998 [1928]) folgt. Aus dem Umstand, dass man Kommunikation auch zerlegen, zählen und entsprechend messen kann, folgt nicht, dass Kommunikation darin aufgeht und uns ein Zerlegen, Zählen und Messen dem Verstehen von Kommunikation näher bringt. In der empirischen Sozialforschung gibt es einen Sinnspruch, der dem Pyschologen Maslow zugesprochen wird und daher auch „Maslows Hammer" genannt wird: Wenn jemand nur einen Hammer als Werkzeug hat, neigt er dazu alles so zu behandeln, als wenn es ein Nagel wäre. Hat man also methodisch nur einen Ansatz zur Verfügung, passiert zweierlei. Über die Zeit nimmt man einen Ansatz bzw. ein Modell – hier ein Kommunikationsmodell – nicht mehr als eine Abstraktion der Welt wahr, sondern verwechselt das Modell mit der Wirklichkeit. Und wenn man sodann den entsprechenden Problembereichen mit diesem *Hammer* begegnet, werden diese zu Nägeln, die sich dem Werkzeug angepasst haben. Ob man so näher an die Wirklichkeit heranrückt,[6] bleibt fraglich. Zumindest aber neigt man dazu, blinde Flecken auszubilden und damit einhergehend droht das Übersehen des *Eigentlichen*. Eine ähnliche „Gefahr" lässt sich beispielsweise auch bei der modellhaften Nutzung von Metaphern beobachten. In Kapitel 6 werden wir in Bezug zur Theatermetapher kurz darauf zu sprechen kommen.[7] Ein wiederkehrender Aspekt wird daher in den nachfolgenden Kapiteln u.a. sein, wie weit die darin angezeigten Vorstellungen von Kommunikation entfernt vom ursprünglichen Sender-Empfänger-Modell sind und wie sie Kommunikation zwischen Menschen über Sozialität, dem Zwischenmenschlichen, Bedeutung oder Verstehen bestimmen.

---

[6] Den erkenntnistheoretischen und ontologischen Fragen, die hier möglicherweise verfangen, kann an dieser Stelle nicht nachgegangen werden.

[7] Ein kurzes Beispiel ist die „Computermetapher" in der Psychologie und den Neurowissenschaften. Im Zuge der KI-Entwicklung in der Mitte des 20. Jahrhundert wurde das menschliche Gehirn analog zu einem Computer aufgefasst (z.B. Arbeitsspeicher = Kurzzeit-, Computerfestplatte = Langzeitgedächtnis). Gedächtnisinhalte wurden darauf als Engramme verstanden, ganz so wie die elektromagnetischen Engramme einer Festplatte usw. Die Metapher wurde in dem Augenblick zur als „echt" verstandenen Wirklichkeit, als dann nach solchen Engrammen gesucht wurde und die „Datenverarbeitung" im Gehirn immer stärker gleichgesetzt wurde (was man auch am genutzten Wording beobachten konnte) mit der Datenverarbeitung eines Computers. Das, was zuvor eine Metapher war, wurde nun zur *Wirklichkeit*. Heute sieht man hingegen mehr Unterschiede als Gemeinsamkeiten zwischen dem menschlichen Gehirn und dem klassischen Silizium basierten Computer und seiner Programmierung.

3. Alles ist Kommunikation, oder?

Diese etwas saloppe Überschrift spielt – das dürfte dem ein oder anderen auffallen – auf das vielzitierte Axiom von Watzlawick, Beavin und Jackson (1969) an „Man kann nicht nicht kommunizieren", sprich die Unmöglichkeit, nicht zu kommunizieren (vgl. Watzlawick, Beavin und Jackson 1969: 50).

Es wäre eine grobe Überspitzung zu sagen, dass die Axiome Watzlawicks et al. zu einer Plattitüde verkommen sind. Dennoch machen sich heutige Rezipienten kaum mehr die Mühe Watzlawick et al. (!) in Primärform zu lesen. Man merkt dies daran, dass beispielsweise die Mitautorin Beavin und der Mitautor Jackson regelmäßig bei Literaturnachweisen „vergessen" werden. Und überdies verdeckt der starke und plakative Fokus auf die Axiome eine Reihe von wichtigen Erkenntnissen, die sich auch heute noch in dem klassisch zu nennenden Band „Menschliche Kommunikation" (Watzlawick/Beavin/Jackson 1969) finden lassen. Überdies führt der Mangel an Primärrezeption auch zu „Kopierfehlern". So wird beispielsweise kaum mehr problematisiert und reflektiert, dass das bekannteste der Axiome „Man kann nicht nicht kommunizieren" (oder die Unmöglichkeit nicht zu kommunizieren) für eben eine spezielle Kommunikationssituation formuliert wurde. Eine unreflektierte Übernahme z.B. auf mediatisierte Kommunikationsweisen und -situationen ist hier ohne Weiteres (d.h. ohne Erklärung und Erweiterung) gar nicht durch Watzlawick et al. gedeckt und möglich. Eine entsprechende Bezugnahme wäre dergestalt im Sinne des wissenschaftlichen Arbeitens falsch und müsste zunächst problematisiert und erläutert werden. Der rezipierte Satz bzw. das wiedergebende Axiom „Man kann nicht nicht kommunizieren“ hat also zunächst keinen erklärenden Charakter, sondern ist etwas, das selbst erklärt werden muss: Es sollte nicht am Anfang einer Argumentationskette zur Kommunikation stehen, sondern eher am Ende. Ein Axiom ist es in der Ausarbeitung von Watzlawick et al. und nicht bei jenen, die es dann zur Explikation eigener Argumentationen zur Kommunikation nutzen. Auch wenn das Axiom – von Watzlawick et al. einmal erarbeitet und theoretisch begründet – sodann am Anfang einer Perspektive von Kommunikation steht, die man sich zueigen macht, muss für den eigenen Argumentationsgang zunächst eine Explikation bzw. Erklärung des Axioms erfolgen. Ein elementarer Aspekt, der in dem Band angesprochen wird und der auch heute noch und in erweiterter Form zentral ist, ist der Aspekt der Beziehung, den Watzlawick et al. über einen Mathematikbezug verdeutlichen und sich in dieser Hinsicht von der traditionellen Psychologie entfernen. Der Verweis auf die Mathematik erfolgt deshalb, da sie sich „von allen Disziplinen am unmittelbarsten mit den *Beziehungen zwischen* und nicht der *Natur von* Entitäten befaßt“ (Watzlawick/ Beavin/ Jackson 1969: 23, Her. i. Org.).

Dieser Bezug und der spätere Link zur Psychologie (und nicht zur Soziologie) mag im Anschluss dann für Soziologen irritierend sein und überraschen, da der Begriff der

Beziehung für diese spätestens seit Georg Simmels „Wechselwirkung" eine konstituierende Rolle spielt. Allerdings kommen Watzlawick et al. aus der Psychologie und dem psychotherapeutischen Denken, so dass die Auslassung der Soziologie nachvollziehbar ist. Gleichwohl zeigen sie an einigen Stellen die Überschreitung seinerzeit klassischer psychologischer Konzepte an, indem sie z.B. die klassische Psychoanalyse Freuds und ihre intrapsychische energetische Perspektive für die Untersuchung von Kommunikation als ungeeignet ausweisen. Denn Kommunikation wird bei ihnen gerade nicht als intrapsychischer Prozess verstanden, sondern als eine Informationsaustausch- und Beziehungsbewegung zwischen Individuum und Umwelt gesehen. Und diese Wechselbeziehung ist nicht energetisch, sondern nur informationell zu fassen. „Dieser Unterschied zwischen Energie und Information trennt die Freudsche Psychodynamik von der Kommunikationstheorie als Erklärung menschlichen Verhaltens" (Watzlawick/Beavin/Jackson 1969: 30). Genau genommen spiegelt sich in dem Axiom der Unmöglichkeit von Kommunikation in gewisser Hinsicht eine fragwürdige Sichtweise auf Kommunikation wider. Denn der Satz impliziert, dass der Produzent von „etwas" derjenige ist, der kommuniziert, also Kommunikation betreibt. Kommuniziert man also auch, wenn man mit seinem Spiegelbild oder der Wand – als entsprechender Umwelt – spricht, wenn niemand anderes da ist, um meine „Kommunikation" wahr- und aufzunehmen und ggf. zu erwidern? Der Satz impliziert mithin, dass das In-der-Welt-sein bereits Kommunikation sei.[8] Wenn man allerdings weiß, dass Watzlawick et al. dieses Kommunikations-Axiom im Kontext einer sich wechselseitig wahrnehmbaren Situation angesiedelt haben, dann wird deutlich, dass nicht der Produzent darüber entscheidet, ob Kommunikation stattfindet, sondern der Rezipient, also derjenige, der den Anderen wahrnimmt und die Möglichkeit des Sinnverstehens und der Replik hat. Und damit befindet man sich bereits mittendrin in der Definitionsfrage von „Kommunikation". Denn wir sprechen z.B. auch von massenmedialer Kommunikation, wenn über Einwegkanäle (z.B. Fernsehen, Video, Radio) gehandelt und rezipiert wird, auch wenn eine anschließende Reaktion nicht gerichtet und unmittelbar auf den anderen erfolgen kann und dieser wiederum mit einer auf mich gerichteten Handlung die Interaktion in Gang bringt. Hier bleibt zumindest eine einseitige Wahrnehmbarkeit als Voraussetzung für eine (reduzierte) Form der Kommunikation. Das Axiom – von Watzlawick et al. selbst auch so verstanden – „Man kann nicht nicht kommunizieren" beinhaltet also die Grundannahme „unter Anwesenden und Möglichkeit zur wechselseitigen Wahrnehmung". Unter dieser Voraussetzung kann man dann nicht nicht kommunizieren, weil auch ein Wegschauen, Schweigen, Ausweichen eines Blickes, die Positionierung zu den anderen im Raum oder letztlich jede Form des Sichverhaltens etwas ausdrückt, das von einem Gegenüber wahrgenommen und gedeutet werden kann. „Der Hauptpunkt für Watzlawick ist da-

[8] Siehe hierzu und zum Vorwurf der uferlosen Ausdehnung des Kommunikationsbegriffes und damit seiner Inhaltsleere bei Watzlawicks et al. auch Reichertz 2009: 127 ff.

bei, dass es nicht auf die Absicht zu kommunizieren ankommt. Man kommuniziert auch dann, wenn man es nicht will, und man kommuniziert mehr als man will" (Reichertz 2009: 129).[9]

Was aber sind nun genau diese Axiome von Watzlawick et al. und warum wurden diese aufgestellt? Hierzu ist zunächst ein erster wichtiger Schritt zu vermerken: den der Metakommunikation. Menschen kommunizieren tagtäglich und das ohne in der Regel jemals ein Kommunikationsseminar besucht zu haben. Nachdem wir Sprechen und Schreiben gelernt haben (und auch nonverbale Ausdrucksweisen wie Gesten, Mimik oder die Positionierung im Raum), tun wir dies fortwährend in unserem Alltag. Dass wir Sprechen können und damit implizit die Regeln der Sprache reproduzieren, heißt jedoch nicht, dass wir die Regeln der Sprache auch tatsächlich *bewusst* und umfänglich kennen, den Unterschied von Imperfekt, Perfekt und Plusquamperfekt oder von Adverb und Adjektiv erklären können. Hinsichtlich der Kommunikation heißt das, dass man zwar kommunizieren kann, aber das dies nicht zwangsläufig bedeutet, dass wir die (impliziten) Regeln von Kommunikation auch tatsächlich bewusst kennen und benennen können.

Mit einer (meta)-mathematischen Analogie zeigen Watz-

---

[9] Reichertz gibt zwar an dieser Stelle ebenfalls nur Watzlwick an, weist aber schon zu Beginn seiner Auseinandersetzung mit Watzlawick darauf hin, dass Beavin und Jackson Mitautoren waren und sich im deutschsprachigen Diskurs die Zuschreibung des Axioms zu Watzlawick etabliert habe. Einen Grund sieht er auch in der von Watzlawick übernommenen Bearbeitung der deutschen Ausgabe des Bandes mit teils gravierenden „Umstellungen und Neuformulierungen" (Reichertz 2009: 125).

lawick et al. auf, dass es (1.) eine andere Ebene ist, wenn man über Kommunikation spricht und das (2.) diese Ebene eigentlich einer anderen Sprache bzw. Kommunikationsweise bedarf, um dieses zu tun. Eine solche hingegen gibt es noch nicht.

> „Damit postulieren wir, [...] daß hinter den myriadischen Erscheinungen der menschlichen Kommunikation ein noch nicht interpretierter pragmatischer Kalkül steht, dessen Axiome in erfolgreicher Kommunikation berücksichtigt, in pathologischer Kommunikation dagegen gebrochen werden. Das Vorhandensein eines solchen Kalküls läßt sich beim gegenwärtigen Stand unseres Wissens mit dem eines Sterns vergleichen, dessen Existenz und Position von der theoretischen Astronomie postuliert wird, von den Sternwarten jedoch noch nicht nachgewiesen ist" (Watzlawick/Beavin/Jackson 1969: 44).

Dennoch oder gerade deshalb ist das Sprechen und Reflektieren über Kommunikation eine wichtige Grundhaltung, um die Prozesse und Wirkweisen, die wir selbst tagtäglich in Gang setzen und denen wir ausgesetzt sind, erkennen zu können. Und im besten Falle gelingt es anschließend *besser* zu kommunizieren und die Reichweite, Wirkweise und Rückwirkung der eigenen Kommunikation zu verstehen. Wenn man so will, spiegelt sich hier die Geisteshaltung der Aufklärung wider, die den Einzelnen in die Lage versetzen wollte, über Bildung das unsichtbare Netz der Verstrickungen, Abhängigkeiten und Beeinflussungen, denen man ausgesetzt ist, sichtbar zu machen und zum Teil sich auch gegen diese erwehren zu können. So steckt in jeder Reflexion und damit der Brechung von Routine auch ein stückweit der Impuls möglicher Veränderung oder zumindest der Prüfung es herkömmlichen Handelns bzw. Kommunizierens. Für das Axiom „Man kann nicht nicht kommunizieren" heißt dies, dass in der unmittelbaren Kommunikation unter Anwesenden ein hohes Maß an Bewusstseinsspannung angezeigt ist, so dass im Idealfall viele Ebenen des kommunikativen Austauschs erfahrbar werden. Andererseits ist es während einer aktiven Kommunikation nur bedingt und teilweise möglich, eine metakommunikative Ebene einzunehmen, da diese Haltung die aktuelle Kommunikation unterbrechen würde. Würde man fortwährend zwischen Kommunikation und Metakommunikation hin und her oszillieren, würde sich eher das Gegenteil von Verständigung vollziehen. Umgekehrt heißt dies nicht, dass nicht auch während einer aktiven Kommunikation metakommunikative Aspekte – im Sinne des „Man kann nicht nicht kommunizieren" z.B. die bewusste In-Beziehung-Setzung unterschiedlicher Ebenen wie non-verbaler und verbaler Kommunikation – einbezogen werden können. Ein „Hörst du mir eigentlich zu?" wäre ein alltägliches Beispiel. Das Axiom und die erweiterte Ebene der Metakommunikation (die für insgesamt alle Axiome in Summe gilt) sind vor allem dienlich für eine Reflexion von Gesprächen und Interaktionen. Im Nachgang lassen sich Gesprächsabläufe darüber rekonstruieren und einer Bewertung unterziehen; z.B. um daraus für eine zukünftige, ähnliche Situation bzw. ein ähnliches kommunikatives Setting Handhabungen fundiert zu extrapolieren.

Ein weiteres bekanntes Axiom, das Watzlawick et al. formuliert haben, verweist darauf, dass Kommunikation sowohl einen Inhalts- als auch Beziehungsaspekt hat. Der Inhaltsaspekt bezeichnet die Information einer Mitteilung, wobei der Wahrheitsgehalt oder die Gültigkeit der Information keine Rolle spielt. „Gleichzeitig aber enthält jede Mitteilung einen weiteren Aspekt, der viel weniger augenfällig, doch ebenso wichtig ist – nämlich einen Hinweis darauf, wie ihr Sender die Beziehung zwischen sich und dem Empfänger sieht, und ist in diesem Sinn seine persönliche Stellungnahme zum anderen“ (Watzlawick et al. 1967: 33). Das meint den Beziehungsaspekt.
Im Alltag wird uns dieser besonders dann deutlich, wenn diese beiden Ebenen auffällig divergieren. Dann hört man oft: „Nicht was du gesagt hast, ist das Problem, sondern *wie* du es sagst“. In dem „Wie“ befindet sich häufig der Beziehungsaspekt und darüber können Dominanz, Abfälligkeit, Zärtlichkeit usw. und entsprechende Beziehungsweisen zum Ausdruck gebracht werden. Aber auch das *Was* impliziert natürlich einen Ausdruck für die Beziehung, wenn man z.B. an einen Satz wie „Es steht dir nicht zu, das zu sagen“ denkt. Damit wird über den Inhalt unmittelbar die Stellung (Beziehung) des Anderen zu mir thematisiert. Der Beziehungsaspekt drückt sich nicht nur allein in der Tonalität der Kommunikation aus. Auch die Wort- und Situationswahl spielen beispielsweise eine Rolle. Und letztlich beinhaltet der Bezie-

hungsaspekt auch eine Historie, insofern die Geschichte, die ich mit meinem Kommunikationspartner teile, eine Hintergrundfolie für die Situation, in der sich die Kommunikation vollzieht, darstellt. Der Beziehungsaspekt besitzt daher ein wesentlich zeitliche Komponente.

Was bedeutet das Axiom des Inhalts- und Beziehungsaspekts von Kommunikation nun für den Alltag oder berufliche Situationen? Zunächst einmal – wie bei all diesen Axiomen und entsprechender metakommunikativer Reflexion –, lässt sich danach fragen, wie einzelne Äußerungen oder kommunikativen Akte vor dem Hintergrund des Axioms verstanden werden können. Wie beeinflusst also die Beziehung zu einer Person das, was ich sage oder gesagt bekomme. Wie formt die Beziehung das, was gesagt wird, wie wirkt sich das Gesagte auf die Beziehung aus? Alltagssprachlich findet man mitunter den Satz „Wie es in den Wald hinein schallt, so schallt es hinaus“, um auszudrücken, dass das Gegenüber nur gespiegelt wird und deshalb keinen Grund hat, über die Reaktion auf das von ihm Gesagte verärgert zu sein. Hier herrscht eine unterschiedliche Einschätzung zu dem vor, *was* (Inhalt) und *wie* (Beziehung) es gesagt wurde. Der Rezipient nimmt es anders wahr und bewertet es anders als der Produzent. Zugleich wirkt sich die Form auch auf die Beziehungsebene aus. Umgekehrt kann erst eine gewisse Beziehung eine z.B. distanzreduzierte Aktion oder Reaktion ermöglichen (unter Freunden, Paaren o.ä.). Insgesamt führt die Reflexion über die Verschlingung von Inhalt und Beziehung zu interessanten Tiefen ihres wechselseitigen Verhältnisses.

Das Axiom der Interpunktion von Ereignisfolgen ist z.B. für die Reflexion von (Kommunikations-) Konflikten ein wichtiger Baustein. *Interpunktionen* können als Bezugspunkte für Kommunikationspartner verstanden werden, über die sich Kommunikation und Beziehung organisieren (vgl. (Watzlawick/Beavin/Jackson 1969: 58). So können einzelne Interpunktionen als Begründung für eine Reaktion (Antwort) bzw. eine an eine Interpunktion orientierte Handlung dienen. Person B sagt *das*, weil Person A *dies* gesagt hat. Person A hatte aber wiederum nur *das* gesagt, weil B zuvor *etwas* gesagt hat usw. Dieser Prozess der wechselseitigen Bezugnahme und – um es mit Max Webers Definition von sozialem Handeln zu sagen – am anderen orientierten Handeln, lässt sich vonseiten der Gesprächspartner auch als *Grund* für das eigene Handeln bzw. Kommunizieren anzeigen. Man sagt oder tut etwas, weil der andere zuvor etwas gesagt oder getan hat, auf das schließlich nur diese Reaktion erfolgen konnte. Stellt man als Gesprächspartner diesen Prozess sehr eng zueinander, dann folgt daraus eine nahezu (quasi-) kausale Entwicklung.[10] In Konflikten neigen wir dazu, bestimmte Sachverhalte, Handlungen oder Äußerungen besonders deutlich wahrzunehmen, andere Umstände jedoch auszublenden. Eine solche selektive Wahrnehmung kann an-

---

[10] Quasi-kausal ist sie deshalb, da die jeweilige Kommunikation zwar einen Grund in der Kommunikation des anderen haben kann, die jeweilige Erwiderung aber dadurch gleichwohl nicht bestimmt wird. Man kann z.B. auf eine Beschimpfung mit einem Lächeln, einer Entschuldigung oder einer beschimpfenden Erwiderung reagieren oder den Anderen ignorieren. Die beiden Kommunikationen sind also miteinander verschränkt, aber die Art und Form ist nicht determiniert.

schließend zu unterschiedlichen Situationsdefinitionen führen. Oft geht Konflikten eine solche unterschiedliche Situationsdefinition voraus sowie die – bereits in der Bibel beschriebene – unterschiedliche Bewertung des eigenen Handelns und das meines Gegenübers. Den Splitter im Auge des anderen nehmen wir war, während wir den sprichwörtlichen Balken – oder die sog. „blinden Flecken" – in unserem eigenen Blick bzw. unserer Anschauung nicht erkennen können. Konflikte bestehen oft aus einer Kette oder besser einem verzweigten Netz von Interaktionen, die sich über einen langen Zeitraum erstrecken können. Verbindet man dann z.B. nur jene Interaktionsereignisse, bei denen das Gegenüber den Konflikt aktiv befeuert hat oder setzt man als Startpunkt des Konfliktes eine Interaktion, die mein Gegenüber z.B. mit einer abfälligen Bemerkung oder despektierlichen Handlung begonnen hat, so ist es schlussendlich (vordergründig) einfach im Anderen den „Schuldigen" am Streit zu finden. Verschiebt man aber den Startpunkt oder verknüpft andere Punkte der Interaktion bzw. setzt diese anders in Beziehung, so dreht sich plötzlich die Verantwortung für einen Konflikt; der Konflikt selbst erhält eine neue Seite. Verweilen die Interaktionspartner allein in ihrer Perspektive finden sie immer Argumente und Gründe für ihr eigenes konfliktträchtiges Verhalten, erklären sie es doch mit einem „Weil" (sprich einer „kausalen" Reaktion) auf das vom Anderen vorausgegangene Handeln. Das eigene Handeln oder die eigene Kommunikation wird immer erst als Reaktion auf eine zuvor erfolgte Kommunikation des Konfliktpartners gesehen.

Für Watzlawick et al. ist daher die Reflexion dieses Prozesses *der Interpunktion von Ereignisfolgen* ein wichtiges Axiom für eine metakommunikative Sichtweise und eine Aufforderung zur Bereitschaft, die eigene Perspektive zu überschreiten bzw. zumindest einmal zu problematisieren.
In Konfliktberatungen ist es daher z.B. ein wichtiges Ziel die Erkenntnis zu befördern, dass solche Interpunktionen nicht nur bei den eigenen Handlungen wohlwollend konstatiert werden, sondern die Möglichkeit in Betracht gezogen wird, dass auch die Handlungen des Konfliktpartners als Reaktionen auf das eigene Handeln zu verstehen sind. Und bei Konflikten, die bereits über einen langen Zeitraum andauern, sollte zuvorderst die Kette der Interpunktionen zertrennt werden. Es geht dergestalt nicht um die (oft erfolglose) Suche nach einem eindeutig Schuldigen und dem Startpunkt eines Konfliktes, sondern um die Sondierung von Kommunikationsweisen, mit denen ein Neuanfang der Beziehung ohne Konflikt möglich wird. Diese Praxis lässt sich sowohl auf einen Konflikt in einer Organisation, zwischen einzelnen Akteuren wie auch Nationen oder großen politischen Gebilden anwenden.

Im Axiom der digitalen und analogen Kommunikation spiegeln sich Grade der Künstlichkeit von Kommunikation wider.[11] Unter digitaler Kommunikation – und hier

[11] Tatsächlich könnte man fragen, ob die Unterscheidung zwischen analog und digital und die angeführten Gründe eine kategorische Differenz ausweisen oder nicht doch in den meisten Fällen eine „nur" graduelle. Denn bis auf ganz wenige Ausnahmen ist das Besondere an

muss man beachten, dass dem Wort „digital“ heute eine etwas anderen Konnotation zukommt als zu der Zeit, als Watzlawick et al. davon sprachen – werden Symbolsysteme (z.B. und vor allem Sprache) gefasst, die „eine komplexe und vielseitige logische Syntax“ (Watzlawick et al. 1969: 68) aufweisen. Über die Syntax (also einem Regelsystem zur Kombination elementarer Zeichen) lassen sich komplexe und auch abstrakte Sachverhalte ausdrücken.

Ein einfaches Beispiel für die digitale und analoge Form kann die Darstellungsweise der Uhrzeit sein. In der digitalen Form wird die Uhrzeit über Zahlen dargestellt z.B. 16:43 Uhr. Die Ziffern selbst können nur über das Wissen der Konventionen, was diese genau in Bezug zur Uhrzeit bedeuten, verstanden werden. Bei einer runden analogen Darstellung –  (4 oder 16 Uhr) – liegt die Analogie im Lauf der Sonne. Analoge Uhren verweisen in der Darstellung auf den Verlauf der Sonne, während digitale Uhren in der Darstellung auf eine Konvention zurückgreifen. Bevor es den Ausdruck 12 Uhr gab, verabredete man sich zum Zeitpunkt „wenn die Sonne am höchsten steht“.[12] Für die menschliche Kommunikation meint das Axiom, dass auch sie durch analoge und digitale Weisen geprägt ist. Dabei wird eine eher analoge Kommunikation so verstanden, dass sie eine größere „Nähe“ zwischen Bezeichnendem und Bezeichneten – also dem,

der menschlichen Kommunikation, dass sie eine „gemachte“, gestaltete, sich im sozialen Wandel befindliche Form ist.

[12] Der Zeitpunkt war eher ein Zeitraum. Und ca. 12 Uhr („wenn die Sonne am höchsten steht“) wiederum stimmt natürlich auch nur zum Teil, denn dies hängt von der Jahreszeit sowie dem Ort ab, an dem man sich befindet.

was bezeichnet und dem, was bezeichnet wird – ermöglicht bzw. die Beziehung zwischen diesen beiden quasi natürlich oder ikonisch (z.B. eine Zeichnung) ist.
Ein Beispiel für analoge Kommunikation wäre ein schmerzverzerrtes oder lachendes Gesicht und eine damit in Verbindung stehende Geste und Mimik. Bei einer digitalen Kommunikation wird auf Zeichen zurückgegriffen, die stärker konventionalisiert sind. Hierzu zählen Symbolsysteme wie die Schrift oder eine Programmiersprache. Watzlawick et al. weisen die analoge als natürliche und die digitale als künstliche Kommunikation aus (vgl. ebd.: 62). Dies ist graduell nachvollziehbar und richtig, kann aber dazu führen, dass man diese in Gegenüberstellung zu sehr absolut setzt (analog vs. digital). Das wiederum verstellt den Blick darauf, dass es eher eine graduelle Einteilung von Kommunikationsweisen und -zeichen ist. Mitunter wird in der Sekundärliteratur zu diesem Axiom von einer klaren Trennung zwischen non- und paraverbaler[13] und gestischer Kommunikation sowie sprachlicher Kommunikation gesprochen. Das aber ist nur zum Teil richtig. Denn auch Gestik und Mimik sind Symbolsysteme mit gewissen syntaktischen Regeln, es sind nahezu keine natürlich gewachsenen körperlichen Ausdrucksweisen. Tatsächlich gibt es von diesen nur sehr wenig. Selbst das Lachen, Niesen oder emotionale nonverbale Ausdrucksformen besitzen gesellschaftliche Fassungen und können daher von Gesellschaft zu Gesellschaft unterschiedlich sein. Ein Beispiel aus einem popu-

[13] Unter paraverbaler Kommunikation werden die Stimme, Klangfarbe, Intonation sowie lautliche Eigenschaften der gesprochenen Sprache verstanden.

lären Film findet sich in „Guardians of the Galaxy“: Dort streicht sich ein Protagonist mit dem Zeigefinger von links nach recht über die Kehle. Darunter lässt sich in unserem Kulturkreis das Meucheln, Töten oder „Halsabschneiden“ verstehen. Der Interaktionspartner – eine Person von einem anderen Planeten – fragt sinngemäß zu dieser Geste: „Warum sollte ich mir mit dem Finger über den Hals streichen?“ Auch ein leichtes Kopfschütteln bedeutet nicht überall ein Verneinen, sondern das „Wiegen“ des Kopfes mitunter eine Zustimmung (z.B. in Teilen Indiens und in Bulgarien).

Gestik, Mimik und körperliche Reaktionen werden als analoge, nahe an der Semantik (Bedeutung) liegende Ausdrucksweise verstanden. Im besten Falle herrscht zwischen dem Ausdruck und der Bedeutung eine nicht veränderbare kausale Beziehung. Solche sind allerdings sehr selten und begrenzen sich auf einige wenige körperliche Reaktionen.[14] Je genauer man allerdings auf solche Beispiele schaut, desto mehr wird wiederum deutlich, dass auch hier gesellschaftliche Konventionalität eingeschrieben ist, wenn auch etwas weniger als z.B. in der komplexen Syntax einer gesprochenen und geschriebenen Sprache. So lässt sich festhalten, dass analoge und digitale Kommunikationsaspekte unterschiedliche Grade der Formalisierung und Konventionalisierung darstellen. Je höher die Formalisierung, desto weiter ist das Zeichen oder die Geste von dem entfernt ist, was sie vermitteln

[14] So leiteten in früheren Zeiten geschickte Jadehändler auf Märkten von der beobachteten Vergrößerung der Pupillen eines Kunden bei gewissen Stücken auf das besondere Interesse ab und hoben bei diesen den (zu verhandelnden) Preis direkt etwas an.

soll. Impliziert wird darüber auch, dass analoge Kommunikation „authentischer“ sei als digitale Kommunikation. Denn die Nähe zwischen Bezeichnendem und Bezeichnetem soll den Spielraum für „Unechtes“, Unwahres oder die Lüge reduzieren. Nun treten analoge und digitale Kommunikation meist zusammen und in einem ineinandergeschobenen Wechselspiel auf, zumindest im Rahmen körperlich wahrnehmbarer Interaktionen. Am wenigsten störanfällig und authentisch wirkt die Kommunikation, wenn zwischen analoger und digitaler Kommunikation eine möglichst gute Überschneidung bzw. Korrespondenz herrscht. Watzlawick et al. betonen überdies die Verbindung zum Inhalts- und Beziehungsaspekt von Kommunikation: „Wir dürfen ferner vermuten, daß der Inhaltsaspekt digital übermittelt wird, der Beziehungsaspekt dagegen vorwiegend analoger Natur ist“ (1969: 64). Bei Kommunikationsproblemen kann es hilfreich sein, dieses Axiom heranzuziehen und z.B. auf Diskrepanzen zwischen analoger und digitaler Kommunikationsweise zu schauen, aber auch im Rahmen einer grundlegenden Reflexion zu problematisieren, woher und wie eigentlich die analogen Kommunikationsweisen entstanden sind. Denn diese sind nicht naturgegeben, sondern in den allermeisten Fällen über kulturelle Prozesse und gesellschaftliche Konventionen erzeugt und vermittelt worden. Ein Beispiel kann der Ausdruck von Emotionen sein. Schaut man z.B. theaterhistorisch einmal genauer auf körperlich gestische emotionale Ausdrucksweisen, so fällt auf, dass selbst körperlich scheinbar eindeutig emotionale Gesten und Körperausdrücke eine gesellschaftliche und soziale Erfindung sind. Der Jesuitenpater, Professor für Poetik und Schauspiellehrer Fransciscus Lang (1654-1725) hat in seiner „Dissertatio de actione scenica“ die Schauspielkunst definiert als die Fähigkeit, mit Stimme und Körper, die Affekte der Zuschauer zu erregen. Hierfür gab er Darstellungsformen an, die Affekte möglichst gut repräsentierten, um so die entsprechenden Affekte auch beim Zuschauer zu erzeugen. Diese körperlichen Ausdrucksweisen finden sich noch heute; nicht nur im Theater (vgl. hierzu Bidlo 2015: 4 ff.).[15]

Ein weiteres Axiom ist das der symmetrischen und komplementären Interaktionen. In anderer Form zeigt sich hier erneut der Beziehungsaspekt, und zwar in macht- und hierarchiespezifischer Hinsicht. Dieser allerdings sollte zunächst gar nicht im Vordergrund stehen, da ein Fokus darauf oft auf einer Verkürzung der komplementären Kommunikationssituation basiert.

Gesprächssituationen können symmetrisch angeordnet sein oder komplementär. Eine symmetrisch angeordnete Gesprächssituation findet sich unter gleichberechtigten Partnern wie z.B. unter Freunden. Symmetrisch meint hier, dass die Beziehung auf Gleichheit beruht. Das „Verhalten der beiden Partner [ist] sozusagen spiegelbildlich und ihre Interaktion dabei *symmetrisch*. Dabei ist es gleichgültig, worin dieses Verhalten im Einzelfall besteht,

[15] Ein weiteres Beispiel kann der Torjubel im Fußball sein. Schaut man einmal auf ältere Spiele und wie dort der Torjubel zum Ausdruck kommt, erkennt man schnell, dass es sich hier nicht um eine „natürliche“, sondern um eine sozial erzeugte und sich verändernde Ausdrucksweise handelt.

da die Partner sowohl in Stärke wie Schwäche, Härte wie Güte und jedem anderen Verhalten ebenbürtig sein können“ (Watzlawick et al. 1969: 69; Herv. i. Org.). In derkomplementären Beziehung hingegen finden sich zwei unterschiedliche, sich wechselseitig konstituierende Positionen. Beispiele sind Lehrer-Schüler, Arzt-Patient, Mutter-Kind u.a. Wie diese Auflistung bereits zeigt, liegt in diesen Beziehungen keine Gleichheit, sondern eine deutliche Ungleichheit vor. Und Watzlawick et al. betonen auch, dass es in komplementären Beziehungen eine primäre und eine sekundäre Stellung gibt. „Diese Begriffe dürfen jedoch nicht mit ‚stark‘ und ‚schwach‘, ‚gut‘ und ‚böse‘ oder ähnlichen Gegensatzpaaren verquickt werden“ (Watzlawick et al. 1969). Daher wird – das ist in der Literatur und der Darstellung über dieses Axiom allerdings eine sehr einseitige Deutung – hier oft der Machtaspekt, also eine Asymmetrie in machtspezifischer Hinsicht ausgewiesen. Das ist zwar einerseits richtig, trifft aber nicht vollends den Begriff des Komplementären und das entsprechende Konzept, das Watzlawick et al. damit zum Ausdruck bringen wollten. Dass diese Form der Beziehung ein gewisses Machtgefälle beinhaltet, ist richtig und wichtig zu verzeichnen, es beschreibt aber etwas anderes als die Komplementarität, der es ja um eine Ergänzung, mithin eine wechselseitige Konstitution der Rolle durch den anderen geht. Hat eine Frau kein Kind, wird sie nicht sagen, dass sie Mutter sei. Ein Schauspieler, der noch nie vor Publikum gespielt hat, kann sich vielleicht Schauspieler nennen, aber das diese Rolle konstituierende Gegenstück (das Publikum) fehlt dann und damit wird auch die eigene Bezeichnung „hohl". Ein Lehrer, der keine Schüler hat und niemanden unterrichtet, ist kein Lehrer (vielleicht war er es einmal früher). Der Ansatz der Komplementarität ist dem Namen nach eben das Ergänzende. Bei einer Überbetonung des Machtaspekts wird somit oft vergessen, dass komplementäre Beziehung *ergänzende* Beziehungen sind. Einige Beispiele können dies verdeutlichen: Die Beziehung zwischen Schauspieler und Publikum ist nicht symmetrisch, sondern komplementär. Das Publikum *ergänzt* die Beziehung. Was allerdings wären das Schauspiel oder die Musik ohne Publikum? Natürlich ließe sich auch hier machttheoretisch fragen, ob nicht das Geld, dass das Publikum bezahlt dazu führt, dass das Publikum letztlich die primäre Rolle einnimmt. Die Frage ist, ob mit einer solchen durchweg machttheoretischen Perspektive nicht ein wichtigerer Aspekt überdeckt wird: nämlich der Aspekt der Ergänzung und Kooperation. Das Publikum treibt die Schauspieler oder Musiker an, diese benötigen diesen (ergänzenden) extrinsischen Antrieb für das eigene Schaffen. Wie sieht es z.B. in einem Fußballteam aus? Auch wenn Stürmer in der Regel höhere Transfereinnahmen erzielen als z.B. defensive Mittelfeldspieler, Torhüter oder Verteidiger, so ist jedem sofort ersichtlich, dass sich aus der komplementären, ergänzenden Beziehung im Team erst eine gute Mannschaft entwickeln kann. Damit soll nun gesagt sein: komplementäre Beziehungen sind nicht mit asymmetrischen Beziehungen zu verwechseln. Zwar besitzen komplementäre Beziehungen, wenn man sie machttheoretisch liest, meist ein solches Gefälle. Dennoch ist dieses Gefälle (1.) nicht zwingend konstitutiv für diese. Und (2.) lässt sich ein solches Gefälle in beide Richtungen herstellen. Wenn das Publikum dem Schauspiel seinen Besuch oder die Rezeption (und damit die Zustimmung) versagt, dann wird das Stück nicht mehr aufgeführt, die Schauspieler werden arbeitslos. Gibt es keine Schauspieler oder führen diese nichts auf, so kann es auch kein Publikum geben. Wer hier wem gegenüber „mächtiger" ist, ist abhängig von der Frage, die man untersuchen will.

Beides zu bedenken – Komplementarität und Machtaspekte –, kann z.B. für Beratungssituationen wichtig sein. So lässt sich in Beratungssituationen dieses Kommunikationsaxiom antizipieren. Die Beziehung ist in Beratungssituationen eine komplementäre, in ihr sind überdies hierarchische (und damit machtspezifische) Aspekte eingelassen. Man kann z.B. sagen, dass in der Regel der, der berät, mehr Wissen und Erfahrung über den zu besprechenden Gegenstand hat, als jener, der beraten wird. Dadurch erhalten die Aussagen eine unterschiedliche Gewichtung und besitzen einen ungleichen bzw. asymmetrischen Geltungsanspruch und darüber eine Richtung in Bezug zur Umsetzung dessen, was gesagt wird. Denn in der Regel sollte es so sein, dass der Beratene den Hinweisen und Ratschlägen des Beraters folgt. Man denke an ein Arzt-Patienten-Verhältnis, die Situation beim Anwalt, in der Schuldner-, Ernährungs-, Berufsberatung usw. Dennoch kann es von Vorteil sein, den hierarchischen Abstand zwischen den Kommunikationspartnern zu reduzieren, um eine positive Gesprächsatmosphäre zu befördern, die die Kommunikation erleichtert. Ein runder Gesprächstisch statt eines trennenden, eine Barriere implizierenden Schreibtischs, ein Glas Wasser (bzw. eine Flasche mit Gläsern) als Angebot oder eine angepasste Kleidung reduzieren den hierarchischen Aspekt in einer komplementären Gesprächssituation, ohne den Geltungsanspruch des vom Berater Gesagten zu reduzieren. Ein Beispiel hierfür ist auch der oft bei Kinderärzten zu beobachtende Verzicht auf einen weißen Arztkittel. Der Verzicht auf diese medizinisch sichtbare „Aura“ dient der Reduzierung der Hemmschwelle und Normalisierung der Situation. Umgekehrt – und das klingt beinahe wie „Magie“ – kann ein medizinisches Setting und der entsprechende Arztkittel einen positiven Placebo-Effekt auf Patienten haben, so dass die Heilung gefördert wird. Auch das bereits erwähnte auf dem Tisch stehende Glas Wasser im Rahmen einer Beratungssituation kann nicht nur dem reinen Trinken als Durststillen oder der Reduktion von Nervosität dienen, sondern impliziert ein gewisses Maß an Vertrautheit, da Essen und Trinken nicht nur der Nahrungsaufnahme dienen, sondern auch als Nähe erzeugende Gesten verstanden werden können. Gerade für Beratungssituationen, in denen es sich um komplementäre Gesprächssituationen handelt, ist das Nachdenken über den Abbau eines gewissen Maßes von hemmenden Einflüssen wichtig. Zugleich „droht“ die Gefahr des Verlusts von Kompetenzansehen bei einem Zuviel an Auflösung einer solchen komplementären Gesprächssituation. Auch wenn sich dies vor dem Hintergrund eines oft propagierten dialogischen, herrschaftsfreien und symmetrischen Gesprächs anachronistisch anhört: Das Wort des Beraters – sei es des Rechtsanwalts, Arztes, der Organisationsberaters oder des Beraters in sozialen Kontexten – soll sich in ihrem Bedeutungsgewicht von dem des Klienten, Patienten oder des Beratenden abheben, zumindest ist dies in den allermeisten Fällen die Grundannahme in solchen Situationen. Hier muss dergestalt eine Balance gefunden werden zwischen dem Kompetenzausweis sowie den Gesten der Zuwendung und des Ausdrucks eines echten Gesprächs. Wenn man dieses Axiom und die kurzen Explikationen dazu anschaut, dann sollte deutlich werden, dass sie starke Destillate darstellen, die verschiedene Ausprägungen, Reichweiten ausweisen und wechselseitige Überlagerungen beinhalten. Man kann mit ihnen sehr gut die Analyse einer Kommunikationssituation beginnen, sollte sie aber nicht als einen monolithischen Aussageblock verstehen, der unhintergehbar und selbsterklärend ist.

Fasst man nun die Axiome und die Ausarbeitungen zur Kommunikation von Watzlawick et al. in Bezug auf ihr Analysepotential zusammen, dann lässt sich festhalten, dass die Axiome wichtige und hilfreiche Perspektiven für das Verstehen oder die Analyse von Kommunikation bieten. Dafür allerdings ist es ebenso erforderlich, die Axiome hinsichtlich ihrer Reichweite und ihrer Grenzen zu problematisieren. Von einer stereotypen und unproblematisierten Nutzung z.B. des Axioms „Man kann nicht nicht kommunizieren“ sollte abgesehen werden, erreicht man so kaum eine gebotene Tiefe für das Verständnis von Kommunikation und Kommunikationssituationen.

4. Von Ohren und Schnäbeln

Eines der wohl ebenfalls meist rezipierten Modelle, wenn es um Kommunikation und Kommunikationsprozesse geht – zumindest im schulischen, weiterbildenden und psychologischen Bereich –, ist sicherlich das Vier-Ohren- oder auch Vier-Schnabel-Modell des Psychologen Schulz von Thun (vgl. Schulz von Thun 2008 [1981]). Daher soll es auch hier zumindest kurz dargestellt und in einen kommunikationstheoretischen Kontext gestellt werden. Denn gerade der fast plattitüdenhafte Gebrauch des Modells – und das ist weniger eine Kritik an dem Modell als vielmehr an der eher einseitigen Auswahl der Lehrenden bei der Vermittlung von Kommunikationsmodellen – suggeriert eine universale Anwendbarkeit auf kommunikationstheoretische Fragen, die es so nicht gibt. Macht man sich überdies nicht auch die Leerstellen eines solchen Modells deutlich, bilden sich „blinde Flecken", d.h. Bereiche im Rahmen einer Analyse oder einer Problematisierung, die man erst gar nicht in den Blick bekommt, um diese im Anschluss daran reflektieren und lösungsorientiert bearbeiten zu können.

Der Ausgangspunkt für das Kommunikationsmodell von Schulz von Thun ist das Kommunikationsquadrat, das auch als „Vier-Ohren-Modell" bzw. „Vier-Schnabel-Modell" bezeichnet wird. Kommunikation hat danach vier Seiten bzw. Ebenen, die als Matrix in jeder Äußerung enthalten sind. D.h. jede Äußerung enthält vier Seiten bzw. Inhalte (vgl. dazu Schulz von Thun 1981: 25 ff.),

Schulz von Thun spricht auch davon, *„daß ein und dieselbe Nachricht stets viele Botschaften gleichzeitig enthält“* (ebd. S. 26; Herv. i. Org.):

- Eine Sachinformation, die die Fakten und Daten einer Nachricht vermittelt. Der Sachinhalt zeigt an, worüber der Sender informiert. Dieser Punkt ist dem Inhaltsaspekt von Watzlawick et al. nicht unähnlich.
- Die Selbstoffenbarung verweist darauf, dass in jeder Nachricht ein Sender immer auch etwas über sich Preis gibt. Dies tut er beispielsweise über die Sprache (z.B. Eloquenz), Wohlwollen oder Zurückweisung über den gestischen Ausdruck usw.
- Beziehung: Der Beziehungsaspekt – auch hier kann man auf Watzlawick et al. verweisen, die Schulz von Thun (neben Bühler für die Ebenen Sachinhalt, Selbstoffenbarung und Appell) auch als Anregung ausweist (vgl. ebd. S. 30) – spielt auf die Form und Art und Weise der Beziehung der Kommunikationspartner an. Jede Nachricht enthält in Form des Tons, der Wortwahl und der Zugewandtheit auch die Botschaft, wie der Sender seine Beziehung zu seinem Gegenüber versteht. Diese Einschätzung der Beziehungsrelation muss nicht zwangsläufig identisch mit dem des Empfängers sein. Weichen diese zu stark voneinander ab (z.B. weil eine Person eine andere duzt, ohne diese näher zu kennen und damit gegen eine Gesprächskonvention verstößt), kann dies

z.B. zu Irritationen oder Konflikten führen. Die Beziehungsseite beinhaltet selbst wiederum zwei Ebenen. Zum einen jene Ebene, die anzeigt, „was der Sender vom Empfänger hält, wie er ihn sieht" (Schulz von Thun 1981: 28). Zum anderen drückt sich darin auch aus, wie der Sender die Beziehung zum Empfänger versteht und einschätzt. „Während also die Selbstoffenbarungsseite (vom Sender aus betrachtet) *Ich-Botschaften* enthält, enthält die Beziehungsseite einerseits *Du-Botschaften* und andererseits *Wir-Botschaften*" (ebd., Herv. i. Org.).

- Die Appellseite versucht nun eine Veranlassung zu erzeugen, d.h. diese Ebene thematisiert das, wozu der andere bewegt werden soll, es zu tun oder zu unterlassen, mithin Einfluss zu nehmen. Der Satz „Vorsicht, die Herdplatte ist heiß" beinhaltet den Appell, die Herdplatte nicht zu berühren, da man sich ansonsten verbrennt. Die Ebene des Appells ist insofern sehr bedeutsam, da hier der Wirkungsaspekt von Kommunikation eine wichtige Rolle spielt. Die anderen Ebenen können z.B. die appelative Struktur untermauern und entsprechend dafür eingesetzt werden. „Wenn Sach-, Selbstoffenbarungs- und Beziehungsseite auf die Wirkungsverbesserung der Appellseite ausgerichtet werden, werden sie *funktionalisiert*, d.h. spiegeln nicht wider, was ist, sondern werden zum Mittel der Zielerreichung" (ebd. S. 29, Herv. i. Org.).

Auch wenn das Modell von Schulz von Thun natürlich wesentlich differenzierter und umfangreicher in seinen Bänden vorgestellt wird, so stellt die o.g. kurze Darstellung eine Essenz dessen dar, die überdies für die hier verhandelten Umstände an Umfang ausreichend ist.
Eine wichtige Eigenschaft des Kommunikationsmodells von Schulz von Thun ist, dass nicht nur der Sender als Hervorbringer einer Nachricht diese mit vier Botschaften oder eben Seiten konturiert, sondern das der Empfänger umgekehrt auch „vier Ohren“ besitzt, die je nach Individuum, Charakter oder individueller Verfasstheit unterschiedlich ausgeprägt sein können. Hört man z.B. in Nachrichten stärker Appelle und z.B. weniger die Selbstoffenbarung des Senders, so kann dies dazu führen, dass sich eine Person mit einem solch dominanten Ohr gedrängt, gehetzt und befehligt fühlt. Man mag aus dem Alltag Diskussionen kennen, die sich darum drehen, wie etwas *gesagt* wurde, wie es *verstanden* und wie es *gemeint* war und wer an einer möglichen Diskrepanz zwischen zwei Kommunikationspartnern in einer Situation dann die „Schuld“ für Missverständnisse oder Misstöne trägt. Hilfreich ist das Modell von Schulz von Thun hier, da es plakative und nachvollziehbare sowie überschaubare Begriffe anbietet, um solche Diskrepanzen zu benennen, und zwar sowohl beim Sender als auch beim Empfänger. Will man im Rahmen dieses Modells eine Analyse einer Kommunikationssituation vornehmen, dann ist es ratsam auch beide Pole, den „Schnabel“ und das „Ohr“, zu analysieren und in ihren Anteilen zu bestimmen. Dies kann aufgrund der nicht zu komplex angesetzten vier

Ebenen gut erfragt und bestimmt werden. Gleichwohl erwächst daraus die Frage, wie welche Anteile eigentlich bestimmt werden? Und zwar sowohl in Bezug zu den vier Seiten als auch zum Sender und Empfänger. Wie also lässt sich entscheiden, ob ein übermäßiges Appell-Ohr nicht doch den Grund darin hat, dass überwiegend in Appellen mit der Person gesprochen wird? Diese vielleicht trivial erscheinende Frage soll auf den in diesem Modell nicht weiter thematisierten Aspekt der sozialen Hintergrundfolie verweisen, der Sprach- und Interaktionsgemeinschaft, vor deren Hintergrund sich jede Kommunikation abspielt, in die jede Kommunikation eingelassen ist und aus der sich wiederum auch die Kriterien der einzelnen Schnäbel und Ohren ergeben. Denn auch wenn vordergründig die einzelne Person *entscheidet*, wie sie etwas einschätzt, so ist doch der gesellschaftliche Hintergrund und die gesellschaftliche Rahmung das, was einer Aussage oder einer Bedeutung zuvorderst Gültigkeit verleiht oder wesentlich konturiert, ob und wie etwas in eine der vier Seiten „fällt" oder diesen zugeordnet wird. Das wiederum selbst ist nicht dem Modell direkt „anzuhängen", versteht es sich doch ausdrücklich als ein kommunikationspsychologisches. Dennoch bleibt zu fragen (und auch zu konstatieren), ob bzw. dass das nur schwache Ausleuchten der sozialen Hintergrundfolie eine offene Flanke des Modells darstellt.

Kritisch zu betrachten ist überdies zum einen, dass implizit und explizit noch (zu) oft von einem Sender und einem Empfänger gesprochen wird und sich so der Eindruck verfestigen kann – s. dazu Kapitel 2 –, dass Kommunikation ein einseitig gerichteter Prozess ist, der sich klar in Sender und Empfänger trennen lässt. Aber gerade im Alltag treffen wir in persönlicher Interaktion auf dynamische Situationen, die einen solchen sequenziellen Ablauf – der für Forscher angenehmer, da leichter beobachtbar und analysierbar, ist – als eindeutige Gerichtetheit kaum besitzen. Die Mehrebenen der Kommunikation und die zeitlich synchronen Abläufe in dieser werden dann nicht adäquat erfasst.

In *einem* soziologischen Verständnis von Kommunikation ist Kommunikation als Sozialhandlung zum einen nicht weiter reduzierbar auf einen dieser beiden Teile (Sender und Empfänger). Zum anderen ist ein (unsichtbarer) Dritter immer bereits mitanwesend: die Gesellschaft, die Sprach- und Interaktionsgemeinschaft, in die ein jeder eingelassen ist, und aus der sich die Bedeutungshorizonte der Symbolsysteme (Sprache, Kleidung, nonverbaler Ausdruck) erst ergeben. Diese schafft das Individuum ja nicht selbst, sondern greift darauf zu. Daher besteht Kommunikation in dieser Perspektive immer mindestens aus einer Trias: zwei Personen und die Gesellschaft bzw. Sprach und Interaktionsgemeinschaft.

Zum anderen fehlt – das liegt wie erwähnt in der „Natur" der Sache eines psychologischen Modells von Kommunikation – die gesellschaftliche Rückbindung an Bedeutungsdimensionen, z.B. des Schweigens. So weist Schulz von Thun in Anlehnung an Watzlawick (auch bei Schulz von Thun fehlt im Text der Verweis auf die Mitautoren) und seinen Mitautoren und des Axioms „Man kann nicht nicht kommunizieren" das Schweigen im Sinne seiner „kommunikationspsychologischen Lupe“ (Schulz von Thun 2008: 35) und der vier Seiten als Ausdruck einer Gesprächsrückweisung aus: Ein Mann betritt ein Zugabteil und grüßt freundlich. Die gegrüßte Person liest weiter ohne Regung in ihrer Zeitung und gibt damit zum Ausdruck, kein Gespräch führen zu wollen. Eine solche Einschätzung ist sicherlich eine Möglichkeit und in unserer Gesellschaft auch die naheliegendste. Andererseits kann hier nicht ausgeschlossen werden, dass der gegrüßte akustisch den Gruß nicht vernommen hat, weil er derart in seine Zeitung vertieft war, dass er diesen ersten „Aufschlag“ gar nicht vernommen hat. Oder der Gegrüßte spricht die Sprache nicht und hat daher den Gruß nicht verstanden und auf sich bezogen. Hier müsste dergestalt vonseiten des Grüßenden „nachgefasst“ und ein erneuter Interaktionsimpuls erfolgen, um darüber zu einer genaueren Einschätzung der Situation kommen zu können. Man könnte sich überdies eine Gesellschaft vorstellen, in der der Rückgruß – der ja neben der Rückspielung des Grußes auch und vor allem anzeigen soll, dass man den anderen wahrgenommen hat – nicht vorgesehen ist oder in der es unhöflich ist zurückzugrüßen und das Schweigen somit eine Bejahung darstellt. Auch wenn die Zugsituation eine relative Eindeutigkeit impliziert, untergräbt sie damit die gesellschaftliche Dimension von Kommunikation und Kommunikationssituationen, indem sie ihre gesellschaftliche Kenntnis unproblematisiert voraussetzt. Aber oft ist es gerade die gesellschaftliche „Unkenntnis“ oder die unterschiedliche Einschätzung der jeweiligen Situation, die zu einer kommunikativen

Irritation führt. Die klaren vier Seiten einer „Sendung“ satteln also bereits auf eine vorgelagerte Form etablierter und funktionierender Ebene von Kommunikation auf, die aber bereits problembehaftet sein kann und sich über die nachfolgenden vier Seiten nur abstrakt oder kaum problematisieren lassen.

Analytisch besitzt dieses Kommunikationsmodell für unmittelbare Gesprächssituationen zwischen zwei Personen ein schnell anwendbares Begriffsrepertoire, mit dem sich z.B. ein Beratungsgespräch antizipierend oder im Nachgang analytisch aufbereiten lässt. Erweiternd müssen Fragen und Reflexionen über die Gesprächssituation selbst, ihr gesellschaftliches Eingelassensein und der Frage nach einem ähnlichen oder unterschiedlichen Bedeutungsrepertoire hinzutreten. Bereits bei Gesprächssituationen, in denen Dritte (Stellvertreter wie Eltern, Anwälte, Betreuer, Teamleitungen usw.) oder eine dritte Partei Teil des Gesprächs sind, werden die vier Kategorien bzw. Seiten einer Nachricht mitunter nur noch schwer ermittelbar, da beispielsweise Loyalitäten, Stellvertreterfunktionen usw. der personalen Ausrichtung (die Adressierung ist bei einer face-to-face-Situation zwischen zwei Personen in der Regel deutlich) der vier Seiten nicht mehr entsprechen. Wenn also A für B spricht, auf wen verweisen dann die vier Seiten einer Nachricht, auf A, B oder auf beide? Je komplexer also die soziale Kommunikationssituation wird, desto schwerer kann es sein, mit dem Vier-Seiten-Modell (Ohren und Schnäbel) von Kommunikation eine adäquate Erfassung derselben zu erreichen. Wenn also soziale Gefüge im Spiel sind – ein

Teamleiter spricht mit der nächst höheren Instanz stellvertretend für sein Team, ein Mannschaftskapitän spricht für die Mannschaft mit dem Vorstand usw. – dann kann man zwar immer noch die o.g. Begriffen nutzen, aber sie verlieren an Wirkkraft, da sie sich auf *eine* Psyche beziehen.[16]

[16] Hier könnte man überlegen, inwieweit man das Büroteam oder die Mannschaft und mithin ihre Leitung als korporierte Akteure fassen könnte und so wiederum zu einer konsistenten „Psyche“ (Identität) käme, um dann erneut das kommunikationspsychologische Modell anwenden zu können.

5. Die Unwahrscheinlichkeit und Fallibilität der Kommunikation

Der Titel dieses Kapitels spielt zu einem Teil auf den Kommunikationsbegriff an, der der soziologischen Systemtheorie Niklas Luhmanns entspringt. Und zu einem anderen Teil deutet der Titel auf Gerold Ungeheuers Sichtweise, dass Kommunikation und Kommunikationserfolg grundsätzlich fallibel, d.h. fehleranfällig und Irrtümern unterworfen sind. „Hinsichtlich des Kommunikationserfolgs sind kommunikative Sozialhandlungen fallibel, d.h. es gibt im Prinzip kein gesichertes Wissen über täuschungsfreies Verstehen des Gesagten" (Ungeheuer 1987: 320; vgl. auch ebd. 139ff.). Theoriebezogen liegen Ungeheuer und Luhmann weit auseinander. Luhmann steht heute nahezu emblematisch für *die* Systemtheorie, während der Kommunikationstheoretiker Ungeheuer Kommunikation handlungstheoretisch fasst.

An dieser Stelle sollen beide Theoretiker und ihre Ansätze daher auch nicht in theoretischer Hinsicht zusammengestellt werden. Vielmehr ist es der kommunikationstheoretische Umstand des Verstehens bzw. des Nichtverstehens und der Fehleranfälligkeit von Kommunikation, der in diesem Zusammenhang von Interesse sein soll. Und nur auf diesen soll im weiteren Verlauf abgehoben werden.

5.1 Gerold Ungeheuer

Sprechen wir von der Fehleranfälligkeit (Fallibilität) von Kommunikation, dann kann dies zunächst überraschen. Denn eine solche Sichtweise stellt die alltägliche Vorstellung von Kommunikation eher auf den Kopf, gehen wir doch in der Regel in unserem Alltag davon aus, dass Kommunikation – trotz aller Unschärfen – grundsätzlich funktioniert, d.h. ein Verstehen angenommen werden kann, von dem, was ich sage oder was gesagt wird. Und ist dem nicht so, so wird das Nichtverstehen – semantischer oder wahrnehmungsbezogener Natur – in der Regel ebenfalls kommuniziert: durch Rück- oder Nachfragen oder einer Geste des Nicht-Verstandenhabens. Kommunikation kann daher zunächst auch als ein Akt der „Problemlösung“ (Ungeheuer 2010: 7) gefasst werden.

Allerdings beschleicht uns im Alltag des Öfteren das Gefühl nicht *richtig* verstanden worden zu sein, ein Gefühl oder eine Wahrnehmung, die nicht auf eine oberflächliche semantische Verstehensebene abhebt oder einer fehlerhaften Wahrnehmung einer Äußerung, sondern die *Dimension* oder die Reichweite des Verstehens meint. Für Ungeheuer liegt ein zentraler Grund für die Fallibilität von Kommunikation in der Innen-Außen-Dichotomie sowie den individuellen Welttheorien.

Zunächst ist für Ungeheuer Kommunikation eine nicht weiter reduzierbare Sozialhandlung, dessen Ziel die gegenseitige Verständigung ist. Das Individuum erfährt allerdings zwei Handlungsebenen: einmal die Möglichkeit das (sprachliche oder non-verbale) Handeln der Anderen wahrzunehmen, es zu erfahren. „[A]ndererseits aber gibt es einen charakteristischen Bereich menschlichen Handelns, der jeweils nur denjenigen Individuen direkt erfahrbar ist, welche diese Handlungen ausüben, anderen hingegen nur in Akten von Kommunikation vermittelt werden kann“ (Ungeheuer 1987: 90). Diese Differenz zwischen inneren und äußeren Handlungen bezeichnet Ungeheuer als Innen-Außen Dichotomie. Wir haben über Kommunikation immer nur Zugriff auf die Außenseite (und die eigene Innenseite), nicht aber auf die Innenseite der anderen Gesprächsteilnehmer. Daher bleibt uns ein endgültiges und allumfassendes Verstehen im Sinne eines Abgleichs zwischen Gesagtem und Verstandenem verwehrt, besitzt Kommunikation immer den Aspekt der Fallibilität, der Fehleranfälligkeit. Den Prozess der Entwicklung von *Bedeutung*, der sich in der Sozialhandlung Kommunikation mitvollzieht, die wiederum an weitere z.B. übergeordnete Sozialhandlungen andockt – und schließlich eingebunden ist in eine Sprachgemeinschaft –, nennt Ungeheuer auch *Kommunikationssemantik* (vgl. Ungeheuer 1987: 70 ff.). Damit pointiert er überdies einen Aspekt, der in den informationstheoretischen Ansätzen von Kommunikation, mit denen er sich zu jener Zeit auseinandersetzte, unterbelichtet ist (vgl. Kapitel 2).

Nach Ungeheuer (vgl. Ungeheuer 1987: 308 ff.) nimmt nun jeder Mensch einen je einzigartigen Ort und Zeitpunkt in der Welt ein, aus der heraus eine „individuelle Theorie über die Beschaffenheit der Welt und damit auch eine individuelle und nur ihm selbst zugängliche

Theorie zur Bedeutung sprachlicher Zeichen" (Reichertz 2009: 153) entsteht. Diese individuelle Welttheorie kann nie deckungsgleich mit der eines anderen Individuums sein, da jeder Mensch aus seiner je eigenen Perspektive, die begründet ist in der Ort- und Zeitposition, die Welt und sprachliche Zeichen erfährt.[17] Es zeigt sich damit in dieser Perspektive auf zweifacher Weise die Unmöglichkeit eines umfänglichen wechselseitigen Verstehens. Zum einen besitzen die Menschen jeweils unterschiedliche, individuelle Welttheorien, aus denen sich unterschiedliche Einordnungen und Bewertungen der Dinge ergeben. Das, was kommuniziert und rezipiert wird, nimmt jeweils einen anderen Platz in der individuellen Welttheorie ein, wird jeweils anders *bedeutet* und eingeordnet und steht in je anderer Relation zu anderen, zuvor gemachten Erfahrungen. Und zum anderen ist es den anderen Menschen auch gar nicht möglich, diese innenliegende Welttheorie, die sich ja auch über die inneren Handlungen des jeweiligen Individuums entspinnt, einzusehen. Während der erstgenannte Aspekt (Erfah-

[17] Reichertz (vgl. Reichertz 2009: 152 ff.) verweist hier richtig auf den Einfluss von Alfred Schütz für diese Sichtweise. Man kann noch einen Schritt weiter zurückgehen und auf Henri Bergson verweisen, der mit seinem Konzept der inneren Dauer – der durée, der gelebten Dauer – wesentlichen Einfluss auf Schütz hatte. Der Mensch, so Bergson, besitzt keine isolierten Wahrnehmungen, Vorstellungen, Gefühle oder Erfahrungen. Jede Erfahrung ist Erfahrung in einem Zusammenhang. Jede gegenwärtige Erfahrung erhält ihren Sinn aus der Gesamtsumme vergangener Erfahrungen, die zu dieser gegenwärtigen Erfahrung geführt hat. Jede Erfahrung erhält einen einmaligen Charakter (Zeitstempel), da sie *in* der Zeit stattfindet und daher nicht wiederholbar ist. Somit besitzt bereits jedes Individuum eine prozesshafte Einmaligkeit, da es einen einmaligen sich fortwährend vollziehenden Erfahrungszusammenhang besitzt.

rungen eines Individuums nehmen einen einzigartigen Ort- und Zeitpunkt ein) ein eher an die klassische Physik erinnerndes Argument ist,[18] zielt der zweite Aspekt auf eine eher konstruktivistische Sichtweise. Anders als z.B. die bereits erwähnten informations- und nachrichtentheoretischen Sichtweisen auf Kommunikation, die eine Ausdruckstheorie von Kommunikation darstellen, wird Ungeheuers kommunikationstheoretische Position als eine Eindruckstheorie von Kommunikation bezeichnet und lässt sich als Reaktion auf die o.g. ausdruckstheoretischen Sichtweisen verstehen.

Diese Sichtweise, dass Kommunikation in erster Linie ein aktives Tun eines „Senders“ bzw. einer Person ist, zeigt eine auch im Alltag oft anzutreffende Vorstellung, sieht den aktiven und „wichtigen“ Part in der Kommunikation beim Sender. Selbst die Sichtweise Watzlawicks et al. und das Axiom „Man kann nicht nicht kommunizieren“ implizieren eine solche Sichtweise, dass eine Person „kommuniziert“ und andere Personen (z.B. die Hörer) diese „Kommunikation“ rezipieren. Ungeheuer löst sich in zweifacher Hinsicht von dieser Perspektive. Denn wie zuvor erwähnt, stellt Kommunikation eine nicht mehr weiter aufteilbare Sozialhandlung, eine Einheit dar. Sowohl Sprecher wie Hörer – Ungeheuer fokussiert stark auf den Dialog zwischen zwei anwesenden Personen und sieht darin *die* fundamentale Kommunikationsform – sind Teil von Kommunikation, man kann somit diese Situation nicht weiter aufteilen.

[18] In der klassischen Physik können zwei Körper nicht denselben Ort einnehmen, d.h., wo ein Körper ist, kann kein zweiter sein.

Im Rahmen dieser Sozialhandlung „Kommunikation" weist Ungeheuer dem Hörer („Empfänger") eine größere bzw. mindestens gleichrangige Bedeutung wie dem Sprecher („Sender") zu. Denn Ziel von Kommunikation ist Verstehen über Verständigung. Wenn der Sprecher also etwas sagt, dann muss man stärker auf den Hörer abheben, weil sich beim ihm entscheidet, ob sich Verstehen vollzieht. Der Sprecher möchte einen Eindruck im Hörer *erzeugen* (also nicht transportieren) und zwar Erfahrungen, die den Intentionen des Sprechers nahekommen. Der Hörer ist damit aktiv und wesentlich an der Kommunikation beteiligt, letztlich entscheidet sogar er, ob das Kommunikationsziel „Verstehen" erreicht wurde. Durch die Unsicherheit, ob sich Verstehen vollzogen hat, endet Kommunikation eigentlich nie, sondern ist ein – mit Unterbrechungen – fortwährender und anhaltender Prozess.

5.2 Niklas Luhmann

Wenden wir uns in einem nächsten Schritt dem Luhmannschen Begriff von Kommunikation zu.
Ähnlich wie Ungeheuer – zumindest in diesem Punkt – kritisiert Luhmann einen ausdruckstheoretischen Fokus im Rahmen kommunikationstheoretischer Überlegungen, da diese zu sehr auf die Mitteilung und Übertragung abheben würden:

> „Die Mitteilung ist aber nichts weiter als ein Selektionsvorschlag, eine Anregung. Erst dadurch, dass diese Anregung aufgegriffen, dass die Erregung prozessiert wird,

kommt Kommunikation zustande" (Luhmann 1996: 194).

Will man nun den Kommunikationsbegriff bei Luhmann – selbst in der gebotenen Kürze einer Einführung – vorstellen, muss man zwangsläufig zumindest eine kurze Rahmung eben jener Systemtheorie anzeigen. Denn die Luhmannsche Systemtheorie, in der der Begriff der Kommunikation einen zentralen Platz einnimmt, stellt eine umfassende Sozialtheorie dar, die ihren ersten (bereits 675 Seiten umfassenden) zusammenfassenden Grundstein in dem Band „Soziale Systeme. Grundriß einer allgemeinen Theorie" (1996 [1984]) erhält und anschließend immer weiter ausgearbeitet und verfeinert wurde. Gesellschaft kann als ein autopoitisches (selbsterzeugendes), System beschrieben werden, dessen Abgrenzung die Umwelt ist, wobei die Grenzen des Systems vom System selbst bestimmt werden. Luhmann fasst ein soziales System zunächst folgendermaßen: „Unter sozialem System soll hier ein Sinnzusammenhang von sozialen Handlungen verstanden werden, die aufeinander verweisen und sich von einer Umwelt nicht dazugehöriger Handlungen abgrenzen lassen" (Luhmann 1970: 115). Gesellschaftliche Teilsysteme sind daran anschließend dann u.a. Wirtschaft, Politik, Wissenschaft, Recht oder Religion. „Die Teilsysteme stabilisieren und entwickeln sich nach demselben Muster: Sie haben für die Gesellschaft eine wichtige Funktion zu erfüllen, spezifiziert in einem Programm" (Schäfers 2016: 148). Auch wenn in der o.g. Definition von Luhmann zu sozialen Systemen zunächst der Handlungs- und nicht der Kommunikationsbegriff genannt wird (genauer: „ein Sinnzusammenhang von sozialen Handlungen“), so ist es der Kommunikationsbegriff, der in der Systemtheorie eine zentrale Rolle spielt. Denn in Luhmanns Entwurf der Theorie sozialer Systeme kommunizieren nicht länger Subjekte miteinander, sondern soziale (in diesem Falle psychische) Systeme kommunizieren. Was aber versteht Luhmann unter Kommunikation und was hat es mit der Unwahrscheinlichkeit von Kommunikation auf sich?

Hier spielen die Begriffe der Kontingenz und der doppelten Kontingenz eine wichtige Rolle. „Kontingenz ist etwas, was weder notwendig ist noch unmöglich ist; was also so, wie es ist (war, sein wird), sein kann, aber auch anders möglich ist“ (Luhmann 1996: 152). Kontingenz verweist also im Rahmen einer sozialen Situation darauf, dass Teilnehmer dieser sozialen Situation konfrontiert sind mit dem, was gegeben ist, aber auch mit der Möglichkeit und dem Wissen (bzw. der Erwartung), dass diese anders sein könnte. Geht man nun von einer Kommunikationssituation aus, an der z.B. zwei Teilnehmer involviert sind, dann besitzen beide das Wissen um die „Unsicherheit“ der Situation, die sich aus der Unerwartbarkeit der Reaktion des Gegenübers ergibt. Ein Beispiel für die doppelte Kontingenz ist der Elfmeterschuss im Fußball (vgl. Berger/Hammer 2007: 397-418). Schütze wie Torwart sind mit der Situation und einem gewissen Wissen über die Situation ausgestattet. Wohin der Schütze schießt, ist für den Torwart nicht zu ersehen, umgekehrt weiß der Schütze nicht, wohin der Torwart springen wird. In wechselseitigen Erwartungen landet man bei einem unauflösbaren Zirkelschluss: Der Schütze antizipiert, dass der Torwart nach links springen wird, weil er wohl annimmt, dass der Torwart so springen wird, wie bei einem letzten Elfmeter, von dem der Schütze weiß. Daher überlegt der Schütze nach rechts zu schießen. Aber vielleicht erwartet der Torhüter ja, dass der Schütze, ausgestattet mit der Erwartung und dem „Wissen", dass er – der Torhüter – zuletzt in die linke Ecke gesprungen ist, die Ecke wechseln wird? Dann springt der Torhüter also nicht in diese Ecke, sondern in die andere. Was aber, wenn der Torhüter diesen Gedankengang des Schützen antizipiert und daher wiederum in die andere Ecke springt, weil er davon ausgeht, dass der Schütze davon ausgeht, dass der Torwart das erwartet und daher in die andere Ecke springt? So kann dieser Aspekt – drehend wie ein Kreisel – nicht aufgelöst werden. Beide stehen der Situation in doppelter Kontingenz gegenüber. Eine idealtypische doppelte Kontingenz-Situation, d.h. eine sozial undefinierte Situation gibt es in Gesellschaften eigentlich nicht. Immer schon gibt es ein Maß an Situationsdefinition. Auch im Fußball wird auf der Basis von Vorwissen, Erfahrungen und Ableitungen versucht, die „Unsicherheit" einer Entscheidung zu reduzieren. Für unseren Kontext reicht es zunächst aus festzuhalten, dass ein Maß an Unberechenbarkeit[19] immer Teil einer sozialen Situation ist. Kommunikation trägt

[19] Der Begriff „Unberechenbarkeit" hat ggf. eine negative Konnotation, daher soll an dieser Stelle darauf hingewiesen werden, dass darüber auch Freiheit ermöglicht wird: „Die Unberechenbarkeit wird mit Freiheitskonzessionen aufgefangen" (Luhmann 1996: 156).

nun ein Maß dieser Unberechenbarkeit in sich. Was aber nun ist Kommunikation im Luhmannschen Sinne?
Kommunikation wird von Luhmann als ein dreifacher Selektionsprozess verstanden und nicht als eine Übertragung im Sinne eines Sender-Empfänger-Modells. „Geht man vom Sinnbegriff aus, ist als Erstes klar, daß Kommunikation immer ein selektives Geschehen ist. Sinn läßt keine andere Wahl als zu wählen. Kommunikation greift aus dem je aktuellen Verweisungshorizont [...] *etwas* heraus und läßt *anderes* beiseite“ (Luhmann 1996: 194, Herv. i. Org.). Kommunikation ist die Synthese eines dreifachen Selektionsprozesses: Information, Mitteilung und Verstehen. Was wird gewählt (Information), welches Verhalten (Mitteilung) soll gewählt werden, um die gewählte Information mitzuteilen, wie wird darüber hinaus das Mitgeteilte verstanden (Verstehen). Hier sei daran erinnert, dass auch an dieser Stelle Kontingenz waltet; etwas kann so verstanden werden, aber es gibt auch die Möglichkeit, dass es anders verstanden wird oder werden kann oder dass es anders gemeint war als verstanden wurde. Für den letztgenannten Fall verweist Luhmann darauf, dass Kommunikation meist von einer mitlaufenden Selbstkontrolle begleitet wird, um Missverständnisse zu reduzieren. Entscheidend ist: Kommunikation als eine Synthese dieses dreifachen Selektionsprozesses ist nicht direkt beobachtbar, sondern kann nur erschlossen werden (vgl. Luhmann 1996: 226). Die oberen Ausführungen bringen uns nun der „Unwahrscheinlichkeit“ von Kommunikation näher.

Die bei Texten über Luhmann zur Kommunikation oft zitierte „Unwahrscheinlichkeit der Kommunikation" (zugleich ein Aufsatztitel, Luhmann 2001: 76 ff.) ist zunächst eine – wie Luhmann es selbst nennt – Theorieentscheidung. Er sieht zwei besondere Formen von Theorien: Die einen, die nach den Möglichkeiten einer Verbesserung von Verhältnissen streben und jene, die zunächst von einer Unwahrscheinlichkeit von etwas ausgehen (Problematisierung), um darüber dann zu fragen, warum und wie ein Zustandekommen (hier) der Kommunikation überhaupt möglich ist.

> „Die Leitfrage ist dann nicht die nach praktischen Verbesserungen. Es geht um eine theoretische Vorfrage aller Verbesserungen: Wie kann eine Ordnung sich aufbauen, die Unmögliches in Mögliches, Unwahrscheinliches in Wahrscheinliches transformiert? [...] Eine Kommunikationstheorie des hier angestrebten Typs behauptet also als erstes: Kommunikation ist unwahrscheinlich, obwohl wir sie jeden Tag erleben, praktizieren und ohne sie nicht leben würden" (Luhmann 2001: 77-78).

Kommunikation wird hier dergestalt nicht als Phänomen, sondern als Problem betrachtet, das es zu verstehen und zu „lösen" gilt. Und dieses Lösen der damit zusammenhängenden Probleme, das Klären der vorangestellten Frage, wie Kommunikation zunächst möglich ist, führt dann zugleich zur Erklärung, was Kommunikation sei. Bei dieser Klärung „stößt man sogleich auf eine Mehrzahl von Problemen, eine Mehrzahl von Hindernissen, die die Kommunikation überwinden muß, damit sie überhaupt zustandekommen kann" (Luhmann 2001: 78). Luhmann formuliert drei solcher *Unwahrscheinlichkeiten*. So ist es – ähnlich wie bei Ungeheuer – unwahrscheinlich, dass ein anderer überhaupt verstehen kann, was sein Gegenüber meint. Denn Verstehen ist nur kontextbezogen möglich und der allererste Kontext ist das eigene Bewusstsein mit seinen Erfahrungen und seinem je eigenen Wissen. Ausgehend von einer Kommunikation unter Anwesenden sieht Luhmann eine weitere Unwahrscheinlichkeit von Kommunikation in der (unwahrscheinlichen) Ausbreitung der Kommunikation über die ursprüngliche Situation und der darin Anwesenden hinaus. Da Kommunikation immer auch *durch* die Situation mitbestimmt ist, ist die Aufmerksamkeit darauf unwahrscheinlich. „In anderen Situationen haben die Leute etwas anderes zu tun" (Luhmann 2001: 79). Und die dritte Unwahrscheinlichkeit von Kommunikation ist die des Erfolgs. Denn zum einen ist das Verstehen nicht sicher und zum anderen bleibt selbst beim Verstehen unsicher, ob das, was verstanden wurde auch angenommen wird. „Mit kommunikativem ‚Erfolg' meine ich, daß der Empfänger den selektiven Inhalt der Kommunikation (die Information) als Prämisse des eigenen Verhaltens übernimmt, also an die Selektion weitere Selektion anschließt und sie dadurch in ihrer Selektivität verstärkt" (ebd.). Luhmanns Ausführungen zur Unwahrscheinlichkeit von Kommunikation sind nun kein Plädoyer für weniger oder keine Kommunikation. Vielmehr dient der Blick auf die Probleme von Kommunikation auf der einen Seite und die zentrale Bedeutung von Kommunikation für die Gesellschaft (soziale Systeme) dazu, zunächst einmal ein Problembewusstsein zu schaffen. Will man es pointiert ausdrücken, dann ist Kommunikation nicht nur die Lösung, sondern zugleich das Problem, das wiederum über Kommunikation gelöst werden soll.

5.3 Abschluss

Dieser kurze Abriss von zwei komplexen Perspektiven auf Kommunikation führt abschließend zur Theorie-Praxis-Transfer-Frage. Wie lassen sich dergestalt bestimmte Aspekt für die z.B. berufliche und nicht unbedingt wissenschaftliche Praxis nutzbar machen und anwenden? Das Wissen um die Fallibilität von Kommunikation und die Gründe dafür, kann als Reflexionsfläche hilfreich für das Erkennen und die Behebung von Konflikten sein. In der Akzeptanz und der bewussten Zurkenntnisnahme, dass Menschen eine je eigene individuelle Welt- und Kommunikationstheorie besitzen, die trotz aller Annäherungen z.B. durch gemeinsame Erfahrungen, Sozialisation und geteiltes Wissen different zu eigenen Sichtweisen ist, liegt z.B. die Möglichkeit des Perspektivwechsels, der reflexiven Selbstprüfung eigener Sichtweisen und darauf fußender Bewertungen; hier spiegelt sich u.a. das konstruktivistische Potential dieser Ansätze wider. Im Anschluss an solchen reflexiven Akten lassen sich dann ggf. Zugeständnisse zu eben jenen anderen Bedeutungszuschreibungen bauen, die einen Kompromiss ermöglichen und zur Auflösung eines Konflikts führen können.

Wird ein größerer Wert auf den Eindruck von Kommunikation gelegt, also dem Hörer ein größeres (aber nicht alleiniges) Maß an dem Gelingen von Kommunikation zugewiesen, so kann sich darüber nicht nur Verstehen, sondern auch Verständnis entwickeln. Gerade in der Teamarbeit in Organisationen, hat man es mit vielfältigen Sichtweisen zu tun, die im Idealfall durch eine integrierende Organisationskultur eingefasst werden. Zugleich kann durch die Akzeptanz individueller Welttheorien die Offenheit für unterschiedliche Lösungsvorschläge erhöht werden. Umgekehrt muss gleichwohl betont werden, dass daraus keine *Gleichgültigkeit* gegenüber allen Formen des „So-Verstanden-Habens" folgt. Gäbe es kaum Überschneidungen in den individuellen Welttheorien, wäre eine Verständigung, ein Verstehen und ein sich daraus ergebender Konsens kaum möglich. Letztlich spiegelt sich hier die Frage wider, ob oder wie Verstehen überhaupt möglich ist und wer bestimmt, wann etwas richtig verstanden wurde. Ohne an dieser Stelle zu sehr abzuschweifen, kann man hier auf die zuvor (vgl. Kapitel 1) erwähnte Sprach- und Interaktionsgemeinschaft verweisen, über deren geteilten Wissensvorrat ein intersubjektives Verstehen möglich wird. Und hinsichtlich Luhmanns Ansatz ließe sich zum Beispiel darüber nachdenken, wie eine mitlaufende Selbstkontrolle von Kommunikation z.B. in Arbeitsabläufen oder Organisationen möglich ist. Hier wäre es aber zugleich wichtig einen gewissen Spagat zwischen zwei Polen zu beachten: Je stärker man z.B. Selektionsprozesse normiert und vorschreibt (determiniert), um Kontingenz zu reduzieren, um so mehr verliert Kommunikation die Kraft der (kreativen) Veränderung und die Möglichkeit zur Anpassung an veränderte Umweltbedingungen. Daher gilt es ein je ausgewogenes Maß zwischen diesen – der Formalisierung und dem „freien Spiel“ – zu finden.

6. Kommunikation als Interaktion zwischen den *Bühnen*

Kommunikation findet in einer Situation statt, die von den Beteiligten definiert und gedeutet wird bzw. werden muss. Dazu bedarf es u.a. Informationen über die Person, die an der Interaktion beteiligt sind: das Aussehen, Vorwissen, die Art wie sich jemand gibt, was sie sagt und wie. Auch der Ort und die Zeit, an denen die Interaktion stattfindet sowie das bereits vorhandene gesellschaftliche Wissen, was Situationen *bedeuten*, dienen der Definition der Situation. Auf der Basis dieser Deutung einer Situation greifen wir dann auf unser kommunikatives Repertoire zurück. „Informationen über den Einzelnen tragen dazu bei, die Situation zu definieren, so daß die anderen im voraus ermitteln, was er von ihnen erwarten wird und was sie von ihm erwarten können" (Goffman 2001: 5). Dieses Kapitel wendet sich Erving Goffman zu. Auch an dieser Stelle sei kurz angemerkt. Goffmans umfangreiches Werk und die Vielzahl seiner interessanten Einblicke und Konzepte können und sollen hier nicht vorgestellt werden. Vielmehr soll in diesem Kapitel ein ausgewählter, für eine weitere Beschäftigung anregender, aber auch bereits analytisch nutzbarer Ausschnitt einiger Konzepte und Begriffe angezeigt und diskutiert werden.
Erving Goffman hat sich in seinem als Klassiker zu bezeichnenden Band „Wir alle spielen Theater" diesem Prozess über die Theatermetapher genähert und die koleibliche face-to-face Interaktion über Begriffe wie „Rol-

le“, „Bühne“ oder „Inszenierung“ zu beschreiben und analysieren versucht. Interaktion ist in diesem Sinne (und kann hier weitgehend synonym zur Kommunikation verstanden werden) als eine wechselseitige Handlungsbeeinflussung zu verstehen, die sich durch die angenommene oder wahrgenommene Anwesenheit von Individuen ergibt. Dabei kann man – das hatte Goffman schon in früheren Publikationen genauer beschaut (vgl. Goffman 1971) – die nichtzentrierte Interaktion von der zentrierten Interaktion unterscheiden. Die nicht-zentrierte Interaktion „ist jene Art Kommunikation, die praktiziert wird, wenn jemand sich eine Information verschafft über einen anderen Anwesenden, indem er, und sei es nur für den kurzen Moment, da ihm der andere ins Blickfeld gerät, zu ihm hinschaut. Nicht-zentrierte Interaktion betrifft hauptsächlich die Handhabung bloßer gemeinsamer Anwesenheit“ (Goffman 1971: 35). Diese findet z.B. im Wartezimmer eines Arztes statt, in dem man die anderen Wartenden wahrnimmt, ohne diese unmittelbar in den Fokus zu nehmen. Dennoch aber richten sich die Anwesenden in ihrem Verhalten an den jeweils anderen aus (wenn sie es nicht tun, dann werden sie in unterschiedlicher Weise sanktioniert. Das kann ein Ansprechen oder „Rügen“ sein, ein Abwenden oder ein Missfallensausdruck). So ist man in der Regel in einem Wartezimmer eher ruhig, telefoniert normalerweise nicht laut oder hört keine verlautbare Musik; auch um gerade nicht in die zentrierte Wahrnehmung der anderen zu gelangen (in diesem Falle, weil sie stört). Man achtet auf ein gewisses Maß an räumlicher Distanz zu anderen.

Man setzt sich nicht proaktiv direkt neben eine andere, fremde Person, wenn viele weitere Plätze frei sind und man darüber die Möglichkeit hat, sich im Rahmen einer gewissen Distanzierung zu „platzieren". Hier spielt der kommunikationstheoretische Begriff der Proxemik übrigens eine wichtige Rolle, der hier kurz und auch später nochmals und in einem weiteren Kontext beschaut werden soll.

Proxemik (lat. proximare = sich nähern) meint allgemein in einem kommunikationstheoretischen Umfeld die Positionierung von Körpern im Raum und ein darauf ausgerichtetes Raumverhalten. Körperausrichtung, die Verteilung von Körpern oder ihr Abstand zueinander stellen über den Begriff der Proxemik eine eigene Bedeutungsdimension von Kommunikation dar. Mit Körpern sind hier in erster Linie die Menschen gemeint, die sich in einem Raum befinden. Einsichtig wird dann zugleich auch, dass der architektonische Raum, seine Einrichtung und die darin befindlichen Artefakte (Stühle oder Bänke, Möbel, selbst Teppiche, Stufen oder Türschwellen) eine Bedeutung bzw. Wirkung auf die Positionierung und Bezüglichkeit der Menschen haben. Man denke hier auch an sich ausgebildete Höflichkeitsformen. Man erhebt sich zur Begrüßung eines Gastes und bleibt in der Regel nicht sitzen, man wendet einem Gesprächspartner nicht einfach unvermittelt den Rücken zu usw. Eine Gesprächsgruppe kann durch die Art und Form ihrer Positionierung im Raum die Wahrscheinlichkeit erhöhen, dass sich eine weitere Person dazugesellt oder umgekehrt durch eine Form der „Wagenburg" (kreisrund, Seite an

Seite) andere sichtbar ausschließen und ein Hinzutreten unwahrscheinlich machen.
Als reflexiver Beobachter oder z.B. empirischer Sozialforscher lassen sich solche Prozesse gut beobachten. Meist wird dann auch sichtbar, dass in diesem Rahmen oft implizite, also nicht direkt bewusste oder intendierte proxemische Vorgängen eine Rolle spielen. Eine Bewusstwerdung jedoch kann zum Beispiel zu einer planbaren Verbesserungsmöglichkeit führen. Man denke an Beratungsgespräche, die z.B. besser an einem runden Tisch stattfinden könnten statt an einem rechteckigen Tisch, der bereits mit einer hierarchischen Ausrichtung versehen ist (z.B. Vor-Kopf-Sitzen). Auch hier sei darauf verwiesen: Es geht um Möglichkeiten und Wahrscheinlichkeiten und nicht um eine kausal gedachte „Wenn-Dann"-Schleife. Man erhöht also die – in diesem Beispiel – Wahrscheinlichkeit z.B. des Abbaus von Hierarchie in einer Kommunikationssituation. Ob dies dann tatsächlich in der Situation stattfindet, bleibt immer auch in einem Maße kontingent, d.h. „unsicher", da die Möglichkeit zu einer anderen Entwicklung der Situation weiterhin gegeben ist. Auch wenn die Freiheit zu handeln in einer Situation eingeschränkt oder flankiert wird durch Erwartungen, Erfahrungen, Wissen über Situationen, normativen Vorstellungen usw., bleibt – *und hier spiegelt sich die Voramnahme des Handlungssubjektes als einem zu einer freien Handlung befähigten Wesen wider, das trotz Einschränkungen kein allein auf Ursache-Wirkungs-Prinzipien reduziertes Wesen ist* – die Möglichkeit, dass es auch anders kommt als erwartet, darin enthalten. Neben der

Proxemik, die den räumlichen Aspekt in der Kommunikation thematisiert, gibt es zudem die sog. *Chronemik*, die analog dazu den Zeitaspekt in der Kommunikation in den Blick nimmt. D.h., dass die Zeit, Zeitdistanz, Zeiträume und -intervalle in der Kommunikation eine semantische Ebene besitzen. Die Chronemik beschreibt dergestalt die Bedeutung der zeitlichen Dimension in der nonverbalen Kommunikation. Und diese Dimension besitzt wesentlich eine soziale Komponente.

Ein Beispiel kann die Reaktionsgeschwindigkeit auf eine digitale Nachricht sein. Noch konkreter kann man hier auf die „blauen Haken“ bei WhatsApp verweisen. Diese erscheinen beim Absender der Nachricht, wenn der Adressat die Nachricht in der App gelesen hat. Damit wird also die Rezeption der Nachricht „bestätigt“. Im Alltag dürften die meisten WhatsApp-Nutzer schon einmal eine Diskussion darüber gehabt haben, warum man nicht „schnell“ genug auf eine doch rezipierte Nachricht (blauer Haken) geantwortet hat. Die Zeitdauer zwischen Rezeption und Antwort besitzt eine wesentlich soziale und semantische Komponente; nämlich, dass eine zeitlich nicht schnelle Antwort auf eine Nachricht diese Nachricht als nicht wichtig und priorisiert ausweist. Auch hier ist es wichtig zu betonen, dass diese Eigenschaften (schnell, langsam, wichtig, unwichtig usw.) natürlich sozial erzeugte Bedeutungsrahmen haben. Während z.B. bei einem Brief der Zeitraum für eine Antwort auf etwa eine Woche gesetzt werden kann (Laufzeit zum Empfänger, Verweilen und Antwort des Empfängers, Laufzeit zurück zum Absender ggf. ein Wochenende da-

zwischen, in der keine Post befördert wird), erzeugt die zeitlich weitgehend verlustfreie Übersendung via digitaler Netzwerkmedien hier einen sozialen Druck für eine schnelle Antwort. Wenn man ein Smartphone besitzt und WhatsApp nutzt, dann ist eine Nichtnutzung des Smartphones und damit die Nichtrezipierbarkeit neuer Nachrichten von z.B. zwei Tagen sozial nicht akzeptiert. Während eine E-Mail vielleicht ein bis drei Tage unbeantwortet sein kann, ist es bei WhatsApp meist nur ein Tag, bei sozial sich nahestehenden Menschen können es auch nur Stunden oder weniger sein. Die zeitlich direkte Kommunikationsweise fordert zudem eine entsprechend schnelle Rückmeldung ein. So wie es hinsichtlich der Proxemik eine Individualdistanz gibt, die ebenso wie die Chronemik in erster Linie gesellschaftlich und kulturell geprägt ist, so gibt es dergestalt einen zeitlichen Rahmen (*Zeitraum*) in Bezug zu unterschiedlichen Kommunikationsmedien (und natürlich auch zu sozialen Anlässen), bis wann in der Regel eine Rückmeldung zu erfolgen hat, ohne Un- und Missverständnisse zu erzeugen.
Während oben nun von der nichtzentrierten Interaktion gesprochen wurde, soll an dieser Stelle kurz die zentrierte Interaktion genannt werden. Sie ist jene Art von Interaktion, die stattfindet, „wenn Personen eng zusammenrücken und offensichtlich kooperieren, die Aufmerksamkeit also ganz bewußt auf einen einzigen Brennpunkt gelenkt ist. Das ist z.B. typisch für eine Diskussion, an der sich alle beteiligen. Wo keine zentrierte Interaktion stattfindet, kann man von nicht-zentrierter Zusammenkunft reden“ (Goffman 1971: 35).

Die zentrierte Interaktion ist damit eine einbeziehende – und darüber auch in gewisser Hinsicht eine exkludierende – und auf den anderen fokussierte Kommunikation. Die Formen des Einbezugs bei einer zentrierten Interaktion wie auch die sozialen Spielarten einer nichtzentrierten Interaktion sind wichtige Formen der Kommunikation. An einer Stelle z.B. spricht Goffman von „höflicher Gleichgültigkeit", die zum einen die Wahrnehmung des anderen kenntlich macht, ohne ihn aber in den Fokus zu nehmen (z.B. „anzustarren").

> „Solches Verhalten setzt hinreichende visuelle Beachtung des anderen voraus, die beweist, daß man seine Anwesenheit würdigt, (man gibt offen zu verstehen, man habe ihn gesehen), während man im nächsten Moment die Aufmerksamkeit bereits wieder zurücknimmt, um zu dokumentieren, er stelle keinesfalls ein Ziel besonderer Neugier oder spezieller Absichten dar. Bei der Bekundung dieser Höflichkeit können die Augen desjenigen, der schaut, über die des andern hinweggleiten, gemeinhin ist dabei kein ‚Erkennen' gestattet" (Goffman 1971: 84).

Goffman hat *Verhalten in sozialen Situationen* in vielen Publikationen an konkreten Situationen untersucht und die vielen sublimen Formen der menschlichen Kommunikation untersucht. In seinem Band „Wir alle spielen Theater" fasst er die Kommunikation und Selbstdarstellung der Menschen in seine bekannte Theatermetapher. Wichtige Aspekte sind dabei die Begriffe der Vorder-

und Hinterbühne, um die jeweilige Kommunikationssituation auch in ihrer raumzeitlichen Dimension sichtbar bzw. erfassbar zu machen. Hinzu tritt dann noch der bei Goffman wichtige Begriff der *Fassade.*

Die Vorderbühne stellt die offizielle Seite der Situation dar, in der zugleich die Rollen bereits definiert und gegenseitig zugeschrieben sind. Auf der Vorderbühne folgt man den zugeschriebenen und selbst definierten Rollenmustern. Ein weiterer wichtiger Begriff bei Goffman, der das Repertoire für ein kommunikatives Verständnis von Situationen erweitert und im Zusammenhang mit der Vorderbühne steht, ist die Fassade.

Unter Fassade versteht Goffman „das standardisierte Ausdrucksrepertoire, das der Einzelne im Verlauf seiner Vorstellung bewußt oder unbewußt anwendet. Zunächst wird es sich empfehlen, die Elemente zu unterscheiden und zu benennen, die in den meisten Fällen offensichtlich zur Fassade gehören“ (Goffman 2001: 23). In diesem Zusammenhang spricht Goffman zum einen vom „Bühnenbild“, das Gegenstände (z.B. Möbelstücke) und die Anordnung im Raum umfasst. Deutlich wird hier, dass die Vorderbühne auch einen Teil der (beobachtbaren) Fassade (Bühnenbild) einer Situation darstellt. Die räumliche Ausgestaltung *wirkt* auf das Handeln. Es sedimentieren sich im Raum, z.B. einem Beratungszimmer, der Schulklasse oder einem Wohnzimmer, die Funktion, aber auch die Rollenerwartungen über die Artefakte bzw. über das Bühnenbild. Für das Verständnis dieses Aspektes ist wichtig, dass eine Person das „Bühnenbild“ auswählt. Z.B. wenn man überlegt, in welchem Raum man eine Besprechung abhält oder von wo aus bzw. von welchem Zimmer man an einer ZOOM-Konferenz teilnimmt. „Nur unter ungewöhnlichen Umständen folgt das Bühnenbild den Darstellern; wir finden das bei Leichenzügen, Paraden und den Festzügen von Königen und Königinnen" (Goffman 2001: 23).

Goffman spricht beim Bühnenbild auch von *„szenischen* Komponenten" (ebd. 25, Herv. i. Org.). Diese sind nicht immer gleich beeinflussbar. Davon unterschieden ist die „persönliche Fassade", die direkt mit dem Darsteller identifiziert wird. „Zur persönlichen Fassade sind Amtsabzeichen oder Rangmerkmale, Kleidung, Geschlecht, Alter, Rasse, Größe, physische Erscheinung, Haltung, Sprechweise, Gesichtsausdruck, Gestik und dergleichen zu rechnen" (ebd. 25). Körperliche Aspekte sind in hohem Maße fixiert (z.B. die Größe), andere hingegen variabler (Kleidung, Frisur usw.). Auch wenn Goffman an dieser Stelle von persönlicher Fassade spricht, heißt dies nicht, dass sie nicht auch eine soziale Fassade ist. Denn die o.g. Punkte spielen sich in einer Gesellschaft bzw. vor dem Hintergrund gesellschaftlicher Bedeutungen ab. Zwar gibt es für die jeweilige Rolle z.B. in einem Unternehmen Variationen der Fassade durch die jeweiligen Darsteller. Im Kern bleiben diese aber ähnlich gefasst, da sie Ähnliches bis Gleiches intendieren oder als Ziel formulieren. So kann z.B. Kundenfreundlichkeit oder Transparenz über unterschiedliche Aspekte einer Fassade zum Ausdruck gebracht werden – und darin dann variabel sein. Dennoch bleiben die zu erwartenden Aspekte, die man mit Kundenfreundlichkeit und Transparenz verbindet, ähnlich bzw. lässt sich hier von Typen und Typisierungen sprechen. „Der Zuschauer muß also nur mit einem kleinen und infolgedessen handlichen Vokabular von Fassaden vertraut sein und auf sie zu reagieren wissen, um sich in sehr verschiedenen Situationen orientieren zu können" (Goffmann 2001: 27).

Unter der *Hinterbühne* versteht Goffman im Gegensatz dazu eine „hintere Region" (ebd. S. 104). Er beschreibt diese allerdings sehr stark in Form der Theatermetapher. Unter der Hinterbühne kann letztlich jener Ort angesehen werden, der dem „Publikum" unzugänglich ist. Es ist z.B. ein privater Ort, an dem sich „der Darsteller entspannen [kann]; er kann die Maske fallen lassen, vom Textbuch abweichen und aus der Rolle fallen" (ebd. S. 105). Wenn Studierende sich z.B. bei einer Blockveranstaltung im Seminar anschließend in die Pause z.B. die Mensa bewegen und dort in kleiner Gruppe gerade über das Seminar sprechen, dann bildet die Mensa und das dort stattfindende Gespräch über das Seminar und den Dozenten die Hinterbühne. In der Regel ist es nicht vorgesehen, dass der Dozent das Gespräch mitanhört. Kommt der Dozent auch in die Mensa und setzt sich an einen Nachbartisch, so wirkt sich dies in der Regel unweigerlich auf die Gesprächsinhalte der Studierendengruppe aus; zumindest auf das, was man über das Seminar sagt. Wenn der Dozent umgekehrt in der Pause ins Büro geht und sich dort gerade über das Seminar mit einer Kollegin unterhält, ist es meist nicht vorgesehen, dass Studierende dies hören. Kommt ein solcher hinein (und würde damit die Hinterbühne betreten), verändert dies die Situation und den Ort. An diesem Beispiel wird deutlich: Vorder- und Hinterbühne sind zum einen reale Orte, an denen etwas stattfindet, z.B. das Büro oder der Raum, in dem eine Prüfung stattfindet; auf der anderen Seite sind sie aber auch situativ und kommunikativ erzeugte Orte. Dasselbe Büro, in dem auf der Vorderbühne z.B. eine mündliche Prüfung eines Studierenden stattgefunden hat, wird für die Studierenden dann zu einer Hinterbühne, wenn sie das Büro verlassen und die Prüfer sich über die Note beraten. Eine Hinterbühne kann zu einer Vorderbühne werden und umgekehrt. Zudem wird ein weiteres sichtbar. Die Menschen im Alltag sind immer auch Darsteller für andere und Zuschauer von anderen. Es gibt zwar das Sprichwort „über Menschen, die nicht anwesend sind, spricht man nicht", aber bei genauerer Betrachtung spricht man fortwährend über andere nichtanwesende Personen; über das Kind, das gerade in der Schule ist, die Eltern, die im Urlaub sind, die Arbeitskollegen, mit denen es gut oder schlecht läuft und über die man sich zuhause unterhält. Es gibt dergestalt für alle Menschen Vorder- und Hinterbühnen. Von diesen Hinterbühnen, an denen *über* mich gesprochen wird, an denen unverblümter sichtbar wird, was andere *von* mir halten, wissen wir teilweise etwas und teilweise auch nicht. Und nur selten gelingt ein Blick oder ein Ohr auf diese Hinterbühnen, die dafür eigentlich nicht vorgesehen sind: eine E-Mail, die an einen falschen Adressaten gelangt, ein mitgehörtes oder belauschtes Gespräch von anderen, die über *mich* sprechen, können Beispiele hierfür sein, das plötzliche Hinzukommen in eine Situation und das anschließende Verstummen der Personen wiederum deuten darauf, dass man an der Schwelle zu einer Hinterbühne stand. Hinterbühnen sind nicht von sich aus „schlecht“ oder mit einem Makel behaftet, so wie das o.g. Sprichwort es andeutet. Vielmehr sind sie ein fester Bestandteil der kommunikativen Struktur einer Gemeinschaft oder Gesellschaft. Zudem sind Hinterbühnen vor allem auch relationale Orte. Meine Vorderbühne kann die Hinterbühne für einen andere Person sein und umgekehrt. Gleichwohl kann man ein Verhältnis zwischen Vorder- und Hinterbühne, dass man als „gut“ für eine offene Gesellschaft ansieht, ausweisen. Denn in der Regel muss es insofern einen Austausch von Hinter- und Vorderbühne geben, als dass über diesen Austausch ein gutes Maß an Erfolg, Zielführung, Funktionalität oder Wirkung von Kommunikation auf der Vorderbühne stattfinden soll. Dafür wiederum ist es ratsam, die Kluft zwischen Vorder- und Hinterbühne nicht zu groß werden zu lassen. Der König, der sich verkleidet unter das Volk mischt oder der Chef, der sich unerkannt in einer der Filialen seines Unternehmens begibt, um die ungefilterte Stimmung der Belegschaft zu erfahren, können analytische Sinnbilder dafür sein. Populär sind in letzten Jahren diesbezüglich Serienformate wie „Undercover Boss“, die einen Perspektivwechsel (Chef wird Mitarbeiter) sowie den Blick auf genau diese Hinterbühne der Mitarbeiter insinuieren.[20]

[20] Ob es sich bei solchen Formaten ggf. um Scripted Reality handelt, bleibt für die Beispielaussage belanglos.

Für eine praktische wie auch analytische Perspektive z.B. in der Beratung lassen sich aus diesem theoretischen Bezug beispielsweise folgende Aspekte und Fragen ableiten: In welcher Situation befinde ich mich eigentlich und wie definiert mein Gegenüber die Situation, wie sieht er die „Rollenverteilung“? Liegen mögliche Konflikte in einer unterschiedlichen Definition der Situation, an unterschiedlichen Erwartungen, die damit einhergehen? Liegen Konflikte möglicherweise in einer Diskrepanz der Proxemik oder Chronometrik begründet?

Goffman liefert mit seinem Modell der Theatermetapher und den entsprechenden Begrifflichkeiten eine interessante und valide Möglichkeit für die Analyse von vor allem eher geschlossenen Systemen wie Abteilungen, anderen Gruppen, abgegrenzten Situationen und Räumen (z.B. die eines Wartezimmers) oder der direkten und unmittelbaren Kommunikation zwischen zwei Personen. Überdies lenkt er mit den Begriffen der „Fassade“, „Vorder- und Hinterbühne“ den Blick auch auf mitunter kaum oder wenig beachtete Details, die aber dennoch wirkmächtig anwesend in der Kommunikationssituation sind. Das Wissen wiederum um Vorder- und Hinterbühnen, auf denen man selbst und andere „stattfinden“ und über Hinterbühnen, die man selbst erzeugt, kann den Blick auf das Kommunikationsgeschehen erweitern. Z.B. lässt sich fragen, wo in einer Organisation Hinterbühnen stattfinden und wie man bei einer Unwucht des Verhältnisses von Hinter- und Vorderbühne einen besseren Austausch zwischen beiden etablieren kann.

Kommen wir an dieser Stelle nochmals kurz auf die Theatermetapher zu sprechen. Ein wichtiges Merkmal einer Metapher ist die der Ähnlichkeit. Eine Metapher meint nicht, dass etwas *tatsächlich* so ist, wie es gesagt wird. D.h., wenn von der Theatermetapher gesprochen und sich Theaterbegrifflichkeiten bedient wird, dann bedeutet das nicht, dass das Leben tatsächlich eine Bühne ist (Shakespeare), die Menschen tatsächlich in erster Linie Schauspieler und ihre Kleidung Kostüme sind usw. Die Metapher arbeitet mit dem Stilmittel der Analogie, d.h. mit dem vergleichenden Wort *wie*. Das ist insofern von Bedeutung, als dies bedeutet, dass beide (z.B. Mensch/Schauspieler) einen unterschiedlichen Seinsstatus (Ontologie) haben. Das Sinnbild (hier Theaterspielen) darf letztlich nicht mit dem, was es verdeutlichen soll (hier: zwischenmenschliches Handeln) verwechselt werden, da dies im schlechtesten Falle den Blick auf das Tatsächliche verstellen kann. Auf die Rolle und Funktion der „Theatervorstellung“ (Goffman 2001: 3) und seines Modellcharakters hat Goffman in seinem Vorwort zum Band selbst hingewiesen.

7. Kommunikation als Dialog und Diskurs – Von der Dialogphilosophie zur Kommunikologie

In gewisser Hinsicht ist Kommunikation immer auch Beziehung, das ist bereits durch die vorangegangenen Kapitel deutlich geworden. Gleichwohl fokussiert das folgende Kapitel in besonderer Weise darauf, wie Menschen miteinander in Beziehung treten, welche unterschiedlichen Modi hier zu verzeichnen sind.

Die beiden Kernbegriffe sind im Kapiteltitel bereits genannt: Dialog und Diskurs. Und damit wird in besonderer Weise darauf abgehoben, was bereits in Watzlawicks et al. Axiom mit dem Inhalts- und Beziehungsaspekt angedeutet wird, aber deutlich darüber hinausgeht. Kommunikation stellt in hervorgehobener Weise einen Beziehungsaufbau zwischen Menschen dar, der – so lässt es sich bei Buber, Flusser oder Karl Jaspers nachzeichnen – einen existenziellen Charakter aufweist und nicht in der funktionalen Informationsübertragung aufgeht.

Die Unterscheidung in Dialog und Diskurs weist dies begrifflich aus. Genau genommen umfasst das Kapitel – wie man auch am Umfang erkennen kann – eigentlich zwei Kapitel, die man einmal mit „Dialogphilosophie" und zum anderen mit „Kommunikologie" hätte bezeichnen können. Da aber beide Ansätze in gewisser Hinsicht verschränkt sind und diese Verschränkung über die Begriffe „Dialog und Diskurs" ausweisbar ist, wurde hier auf ein weiteres Hauptkapitel verzichtet. Beide Begriffe – Dialog und Diskurs – sind historisch und theoriebezogen nicht unbeschrieben, sondern im Gegenteil durch eine lange philosophische und wissenschaftliche Tradition aufgeladen. Den Entwicklungssträngen kann und soll hier nicht nachgegangen werden, stattdessen wird sich auf ein spezifisches Verständnis von Dialog und Diskurs konzentriert, und zwar in der Tradition der Dialogphilosophie Martin Bubers sowie der daran in einigen Teilen anschließenden Kommunikologie Vilém Flussers. Beide sind Denker des Dialogs zu verschiedenen Zeiten. Flusser bezog sich in seinem Denken stark auf Martin Bubers Dialogphilosophie und übertrug sie in gewisser Hinsicht ins Internetzeitalter, an deren Schwelle Vilém Flusser in den 1980er Jahren einer der ersten war, der seinen Blick und sein Denken von Kommunikation, Dialog und Diskurs auf die digitale Vernetzung legte. Flusser stellt eine substantielle Erweiterung und auch Neuschöpfung des dialogischen Denkens dar und erhält daher einen größeren Raum in der Darstellung.

7.1 Martin Bubers Dialogphilosophie

Martin Buber, der von 1878 bis 1965 lebte, stellt die Beziehung in Form der Ich-Du-Beziehung an den Anfang der Existenz und darüber den Dialog mit dem Anderen. Der Begriff des Dialogs bei Martin Buber ist allerdings etwas anders zu verstehen als in seiner herkömmlichen Verwendung. In der Wissenschaft, z.B. der Soziologie oder der Kommunikationswissenschaft, wird der Dialog als allgemeine face-to-face-Situation verstanden. Dort wird mit der Verwendung des Ausdrucks „Dialog“ weniger auf eine besondere formelle oder thematisch bedeutungsvolle Gesprächsform Bezug genommen. Gerold Ungeheuer beispielsweise verwendet das Wort „Gespräch“ gleichbedeutend mit „Dialog“ und „Konversation“ und setzt die „Gesprächsanalyse“ synonym mit der „Dialog-“ und „Konversationsanalyse“ (vgl. Ungeheuer: 1987: 144). Dem Dialog an sich kommt jedoch noch keine ausgesuchte und hervorgehobene Bedeutung zu, so wie Buber es versteht. Allerdings fasst Ungeheuer den dialogischen Partnerkontakt, ähnlich wie Buber, als Fundament und Bezugsrahmen für sprachliche Kommunikation (vgl. ebd. S. 73).

In der Philosophie begegnet uns der Dialog bei Sokrates und Platon. Der Dialog dient Sokrates als Raum der Erfahrung und des Bezugs zwischen einem Thema und denjenigen, die über dieses Thema sprechen. Sokrates stößt Gespräche an, in denen dann gemeinschaftlich herausgefunden werden soll, was überhaupt ein Problem sei und wie man es lösen könnte. Er tritt hierbei nicht als Konkurrent der Sophisten auf – belehrend und aktiv vermittelnd –, sondern er verhält sich gegenüber seinen Gesprächspartnern fragend und nicht bestimmend. Insofern setzt sich Sokrates in die Situation des Nichtswissens und problematisiert durch das Fragen und Erörtern den zu behandelnden Gesprächsgegenstand. Die vorgeblich Wissenden werden auf dem Weg des Dialogs selbst zur Einsicht der Unwissenheit oder zumindest der Reflexion vorhandener Gewissheiten geführt. Der Dialog in dieser Form – die sokratische Methode des Philosophierens –

ist im engen Sinne des Wortes sachlich begründet (vgl. Strohmaier 1979: 102 ff.). Der sokratische Dialog ist nicht ein Gespräch unter Freunden oder stellt eine besondere Beziehung zwischen den Gesprächspartnern dar, im Mittelpunkt steht die zu besprechende Sache, die vernunftgeleitet und analytisch erörtert werden soll. Die Vernunft (logos) ist das zugrunde liegende Gesetz der Gemeinschaft und des jeweiligen Dialogs, aus dem heraus fundiertes, vernunftgeleitetes Wissen emporsteigen soll. Sokrates selbst nennt seine Methode der geistigen Geburtshilfskunst daher auch *Mäeutik* [griech. maieutikê], die Hebammenkunst. Und auch Platon nutzt den Dialog in erster Linie als Methode, um Wissen zu generieren und nicht, um über die Kommunikation mit anderen Beziehungen herzustellen (vgl. auch Bidlo 2007).

Martin Bubers Vorstellungen vom Dialog sind anders, wenngleich er selbst im sokratischen und platonischen Dialog eine Vorform zu seiner formulierten Dialogform sieht. Auch wenn Buber z.B. in seinem Frühwerk „Daniel. Gespräche über die Verwirklichung“ die Form des platonischen Dialogs aufgenommen hat, schlägt er in seiner Dialog- bzw. Ich-Du-Philosophie eine andere Richtung ein. Worin liegt nun das Besondere im Dialog Bubers? Es ist die Pointierung der Dialogsituation als einer anthropologisch fundamentalen Situation, in der das genuin Menschliche erst hervorgebracht wird. Der Dialog ist hier keine Methode oder eine einfach zu definierende face-to-face-Situation, sondern der „echte“ Dialog der Dialogphilosophie ist die unmittelbare Begegnung von Ich und Du.

Die Dialogphilosophie Martin Bubers hebt nun die entscheidende Bedeutung des Dialogverhältnisses hervor, d.h. die Beziehung zu dem Anderen als einem Du. Ihr Leitgedanke liegt in der Annahme, dass das Individuum nur in der Dialogbeziehung ein wirkliches Selbst und eine Person wird. Anders ausgedrückt: Es existiert kein Ich, kein wirklicher Mensch außerhalb der Beziehung zu einer anderen Person, einem Du. Daran anschließend wird dann die grundlegende Rolle der Sprache für diese Beziehung pointiert, denn der Dialog, die Ich-Du-Beziehung besteht in und durch Sprache und damit letztlich auch der Mensch oder anders ausgedrückt: Der Mensch besteht aus Kommunikation(en).

> „Was die Menschenwelt eigentümlich kennzeichnet, ist vor allem andern dies, daß sich hier zwischen Wesen und Wesen etwas begibt, dessengleichen nirgends in der Natur zu finden ist. Die Sprache ist ihm nur Zeichen und Medium, alles geistige Werk ist durch es erweckt worden. Es macht den Menschen zum Menschen“ (Buber 1962: 404).

Menschwerdung und Sprachwerdung lassen sich für Buber nicht voneinander trennen. Er betont, dass es ein präkommunikatives Stadium der Sprache nicht gebe, der Mensch von Anbeginn in Sprache gestellt sei.

> „Der Mensch hat nicht vor dem Mitseienden gestanden, ehe er ihm gegenüber lebte, auf es zulebte, und das bedeutet: ehe er mit ihm umging. Nie ist Sprache

> gewesen, ehe Ansprache war; Monolog konnte immer erst werden, nachdem Dialog abbrach oder zerbrach“ (Buber 1962: 447).

Nach Buber gibt es für den Menschen zwei Grundarten des Daseins bzw. Einstellungen zur Welt, über die sich auch zwei Formen von Kommunikation heraus destillieren lassen, welche er mit den beiden Grundwortpaaren Ich-Du und Ich-Es bezeichnet. Es gibt kein Ich außerhalb dieser beiden Grundwortpaare bzw. Beziehungsmodi zur Welt. In ihnen spiegelt sich eine besondere Haltung zur Welt wider. Denn es macht einen Unterschied, ob ich mich der Welt in der Ich-Es-Einstellung zuwende oder ob ich in der Ich-Du-Einstellung in eine Beziehung trete. Die Welt ist mir daher zwiespältig gegeben. Der Mensch kann sich als Subjekt verhalten, das etwas erfährt bzw. betrachtet, nämlich ein Objekt, ein außen liegendes Es. Diese Es-Welt ist die Welt der Dinge und ihrer Ordnung. Dort leben und wohnen wir. Die Es-Welt wird dadurch gekennzeichnet, dass die Subjekte und Objekte und ihre Eigenschaften in einer erfahrbaren Eingrenzung von Zeit und Raum wahrnehmbar sind.

Der Mensch kann sich in Abgrenzung dazu auch als eine Person verhalten, die in einer Beziehung zu einer anderen Person steht, einem Du. Diese Haltung führt zur Ich-Du-Welt, die für Buber die Welt der Beziehungen bezeichnet und die sich über den echten Dialog konstituiert. Hier liegt die unmittelbare Gegenwart, die sich in ihrer Unmittelbarkeit nicht messen oder analysieren lässt. Beide Zugänge braucht der Mensch zum Leben.

Die Es-Welt bietet dem Menschen Sicherheit und Dauer, da sie eine gemachte und hergestellte Welt ist, die einen funktionalen und stabilen Rahmen darstellt, während die Du-Welt dem Menschen Sinn vermittelt und sein Menschsein hervorbringt.

Demnach liegt die menschliche Wirklichkeit nicht im Ich bzw. im Subjekt, sondern *zwischen* Ich und Du. Dieser Relationismus macht das bis dahin neue der Dialogphilosophie deutlich. Erkenntnis – und mehr noch das eigene Selbst – liegen nicht innerhalb eines Ich, sondern Erkenntnis und Selbstwerdung sind eine Beziehung, die sich zwischen einem Subjekt und einem Anderen (Du) aufspannt. Damit ist man nicht in Besitz von Erkenntnis, man hat sie nicht, sondern man bringt sie als Teil einer Beziehung erst hervor, indem man sich auf die Welt bzw. auf einen anderen Menschen bezieht und diese Beziehung sprachlich vermittelt. Pointiert ausgedrückt, kann man sagen: Das Ich ist nicht mehr Voraussetzung für Kommunikation, sondern Ergebnis von Kommunikation, da es erst durch den Prozess der Interaktion mit hervorgebracht wird.

Und das ist auch heute noch das sehr Moderne an Martin Bubers Ansatz, dass der Mensch in einer Wechselwirkung steht. Der Mensch als Einzelwesen ist der Sonderfall und nicht der Mensch als Beziehungswesen, auch wenn an dieser Stelle die Beziehung noch keine echte, dialogische Beziehung meint. Der Mensch ist von Geburt an in Beziehung gestellt und benötigt das Miteinander. Jedes der beiden Grundwortpaare stiftet nun eine Welt, deren Schaffung ihm obliegt und die ihre spezifischen konstitutiven Aspekte und Eigenschaften besitzt. Die menschliche Anlage und Bezüglichkeit zur Welt ist damit zwiefältig. Während die Ich-Es-Haltung zur Welt eine funktionale und analytische ist, die z.B. im Alltag auch von Routine geprägt sein kann, stiftet die Ich-Du-Haltung die Welt der echten Beziehungen. Und diese ist ihrem Wesen nach nicht durch die Kategorien des Erfahrens, Analysierens oder des Benutzens zu bestimmen. In der Ich-Du-Haltung zur Welt zeigt sich eine vorbehaltlose Hinwendung mit dem ganzen Wesen, die Buber als dialogische Grundbewegung erachtet. Und diese Grundbewegung ist nach Buber eine Wesenshandlung des Menschen. Erst diese vorbehaltlose Bewegung lässt die Möglichkeit entstehen, eine echte Beziehung zum Anderen zu etablieren. Und erst in dieser dialogischen Beziehung vollzieht sich die Menschwerdung. Das Ich kann sich nicht selbst als solches erleben, es braucht hierfür die Beziehung zu einem Du; der Mensch wird erst am Du zu einem Ich. „Ich werde am Du; Ich werdend spreche ich Du“ (Buber 1962, S. 85). Die Ich-Du-Beziehung bildet daher das Kernanliegen der Dialogphilosophie, denn nur in ihr hat man es mit der ganzen Wirklichkeit eines Ich und eines Du zu tun. Sie stellt damit den fundamentalen Beziehungsmodus dar. Diese Beziehung kann sich über Sprache, aber auch über nonverbale Kommunikation etablieren. Es bedarf neben einer rückhaltlosen Zuwendung aber auch der Gegenseitigkeit innerer Handlungen. Zwei Menschen, die dialogisch verbunden sind, müssen einander zugekehrt sein. Die Gesprächspartner müssen also in kommunikativer Intention aufeinander eingestellt sein, um sich die Möglichkeit des Dialogischen zu eröffnen. Im Vollzug der Ich-Du Beziehung im Leben der Menschen verliert sich die herkömmliche Ordnung der Wirklichkeit, die wesentlich durch Raum und Zeit strukturiert wird und der Andere stellt sich als Ganzes dar, das nicht zergliedert oder analysiert wird, sondern gleichsam die ungeteilte Wirklichkeit darstellt. Und damit wird auch ersichtlich, dass der Begriff der Verantwortung eine zentrale Stellung einnimmt. Wenn man auf ein Du für die eigene Menschwerdung angewiesen ist und man selbst wiederum ein Du für andere darstellt, dann erwächst daraus wechselseitige Verantwortung.

Martin Bubers dialogphilosophischer Entwurf bietet nun der Kommunikationswissenschaft bzw. -theorie eine sozialwissenschaftliche Sichtweise auf Kommunikation mit der Fokussierung auf die fragile Struktur zwischenmenschlicher Wechselwirkung und der Konzeption der sozialen Konstitution menschlichen Verhaltens. Buber bedient durch seine besondere Sicht auf die Ich-Du-Beziehung das explizite Interesse der Kommunikationsforschung an face-to-face-Situationen und bietet daneben durch seine Unterscheidung und Neubestimmung der Dimension des Sozialen und des Zwischenmenschlichen eine qualitative Unterscheidung von Interaktion. Insoweit muss Bubers Dialogphilosophie, verstanden als ein Prozess dialogisch-interaktionaler Kommunikation, als kommunikationstheoretisch relevant aufgefasst werden. Menschliches Bewusstsein, Handeln und Verhalten sind bei Buber immer bereits eingebunden in Gemeinschaft und Beziehung und lassen sich nicht allein von einem

Subjekt aus erklären. Die bisherige Darstellung von Bubers Denken deutet an, dass der Gehalt der Dialogphilosophie ein Verständnis von Kommunikation voraussetzt, welches das Augenmerk auf ein besonderes kommunikatives Ereignis wirft, nämlich auf die Kommunikation zwischen zwei Menschen, sofern sie grundlegend in einer koleiblichen face-to-face-Situation einander zugewandt sind. In dieser Sicht erschöpft sich Kommunikation nicht in dem Vorgang der Informationsübertragung von einem Sender zu einem Empfänger – das wurde ja vor allem in Kapitel 2 deutlich –, also lediglich in einem Übertragungsprozess von Zeichen, um bei dem Empfangenden eine bestimmte innere Erfahrung oder ein Bild durch einen bestimmten Symbolgebrauch hervorzurufen. Kommunikation geht nicht in einem solchen mehr oder weniger komplexen Transportmodell von Kommunikation auf, da es mehr ist als reine Informationsübertragung und daran anschließendes Verstehen. Aus diesem Grund bilden namentlich die Vorstellungen von Claude E. Shannon und Warren Weaver, die den Bereich der quantitativen und mathematischen Beschreibung und Fundierung von Kommunikation ausweisen, den Abgrenzungspunkt. Zu diesem Abgrenzungspunkt gehören ebenso Definitionsansätze, die Kommunikation auf physische oder chemische Elemente und ihr Störpotential reduzieren, wie man sie beispielsweise aus dem Bereich der Neurophysiologie oder der Biomedizin vernimmt. Vielmehr hebt die Dialogphilosophie Martin Bubers die existenzielle Bedeutung zwischenmenschlicher und sozialer Kommunikationsmuster hervor. Einen innovativen Einbezug der Buberschen Dialogphilosophie und der Vorstellung von Kommunikation findet sich bei Vilém Flusser, der eine Reihe von Aspekten von Buber aufgenommen und erweitert hat. Dazu gehört auch die Ausweitung des dialogischen Ansatzes auf die digitale, vernetzte Kommunikation.

7.2 Vilém Flusser[21]

7.2.1 Kommunikation und Existenz

Existenz, Kommunikation und Kultur sind bei Flusser (1920-1991) grundlegend miteinander verwoben. Und er nähert sich dem Thema der Existenz als Grundsituation des Menschen von verschiedenen Seiten und kommt immer wieder darauf zurück. Die menschliche Existenz ist nach Flusser eine Verurteilung zum Tod. Der Mensch ist mit Beginn seiner Existenz, dem Geworfensein in die Welt, fundamental einsam und zunächst sinnlos in der Welt. Die Existenz ist dem Wort nach (exsisto = aufkommen, entstehen, existere = außerhalb stehen) ein außerhalb der Natur stehen, ein Sprung aus der Natur. Der *Ursprung* des Menschen ist das Springen über den Abgrund. Und „Symbole sind Instrumente, um diesen klaffenden Abgrund zu überbrücken" (Flusser 2003: 76).

Kommunikation bzw. Sprache ist bei Flusser also ein Instrument, das der Mensch für den Sprung aus einer zunächst sinn- und bedeutungsfreien Existenz, der Bedeutungslosigkeit benötigt. Das ist Flussers existenzphilosophische Grundentscheidung. Jede sinnstiftende Handlung zielt darauf ab, dieser Ausweglosigkeit und Sinnlo-

[21] Enthält Auszüge aus Bidlo 2008: 81 ff.

sigkeit des Lebens zu entgehen. Dazu dient der Entwurf von Zeichen und Symbolen; sie bilden ein Universum von Bedeutungen um ihn herum. Daher fragt Flusser nach den Bedingungen und Formen der Codes und Symbole, mit denen Menschen sich verständigen. „Die menschliche Kommunikation ist ein künstlicher Vorgang“ (Flusser 2003: 9) und diese Theorie menschlicher Kommunikation nennt Flusser „Kommunikologie“.

Kultur baut sich über die Kommunikation als ihre grundlegende Struktur auf und dient dem Bewahren von Informationen, ist Fundus aus dem geschöpft werden kann, um neue Informationen zu erzeugen und steht damit der *bedeutungslosen* Natur gegenüber.

> „Zweck der menschlichen Kommunikation ist, uns den bedeutungslosen Kontext vergessen zu lassen, in dem wir vollständig einsam und incommunicado sind, nämlich jene Welt, in der wir in Einzelhaft und zum Tode verurteilt sitzen: [...] Die menschliche Kommunikation ist ein Kunstgriff, dessen Absicht es ist, uns die brutale Sinnlosigkeit eines zum Tode verurteilten Lebens vergessen zu lassen“ (Flusser 2003: 10).

Sprache ist bei Flusser damit eine Erfindung des Menschen, um der existentiellen Not bzw. der Angst vor dem Tod zu entfliehen. Und erst diese Tat der Erfindung, die Verneinung der Entropie[22] kann nach Flusser

[22] Entropie kann hier verstanden werden als die Entwicklung hin zur

als das den Menschen bestimmendes Wesen angesehen werden. Aber auch diese Negation der Vergänglichkeit und das Stemmen gegen den Tod ist nur vorläufig, da alle erworbenen Informationen schlussendlich zerfallen und der Entropie zufließen werden. Als anthropologische Bestimmung des Menschen kann der Versuch bezeichnet werden, durch Kommunikation von Informationen von Mensch zu Mensch dem unvermeidlichen Tod zu entgehen und zugleich dem Leben einen Sinn zu geben. Denn Sinn ist nicht in der Welt bzw. in der Natur (diese sind *bedeutungslos*), sondern wird erst aus und durch Kommunikation geformt und dann der Welt hinzugefügt. Miteinander verwoben bildet sich so eine kodifizierte Sinnwelt. „Kurz, der Mensch kommuniziert mit anderen, ist ein ‚politisches Tier', nicht weil er ein geselliges Tier ist, sondern weil er ein einsames Tier ist, welches unfähig ist, in Einsamkeit zu leben" (Flusser 2003: 10). Für Flusser sind Migration und Heimatlosigkeit Zeichen der Postmoderne und, gegründet auf seinen eigenen Erfahrungen der Heimatlosigkeit und der Flucht vor dem Nazi-Regime, dienen sie schließlich als anthropologische Bestimmung des Menschen als ein auf sich selbst zurückgeworfenes Wesen, welches sich aus dem Chaos zu befreien sucht.

Die Sichtweise Flussers auf die Einsamkeit der Existenz als Ausgangspunkt des Menschen und des Antriebs für die Kommunikation wird nun von einer weiteren Überlegung flankiert, die eine beinahe umgekehrte Perspektive aufzeigt und eine Anlehnung an Martin Bubers An-

---

Unordnung, zur Nicht-Formation im Gegensatz zur In-Formation.

satz darstellt. Es handelt sich hier um das Flussersche Bild eines gewebten Netzes aus Kommunikationen, in dem „die Knoten den einzelnen Menschen und die Fäden die informationsübertragenden Medien repräsentieren. [...] Die Frage, ob die Gesellschaft gut für den Menschen sein soll (rechts) oder der Mensch für die Gesellschaft (links), erweist sich dann als sinnlos, weil der Mensch ohne Gesellschaft und Gesellschaft als reine Abstraktionen aus dem konkreten zwischenmenschlichen Vernetzen gesehen wird“ (Flusser 2000: 17). Flusser folgt an dieser Stelle nicht dem traditionellen Verständnis der Identität als einem Ich-Glauben, der seinen Ursprung in einem monolithischen, individuellen Kern hat. In diesem unserem Alltagsverständnis von Identität, welches noch das Subjektverständnis der Aufklärung ausdrückt, wird darunter die Unverwechselbarkeit, Unteilbarkeit und Einmaligkeit jedes Menschen verstanden. Jede Person trägt einen wahren Kern in sich. Die persönliche Identität ist in ihrer Kontinuität und Gleichheit von jedem selbst und von anderen Menschen wahrzunehmen. Gegenwärtige Ansätze der Identitätsforschung beinhalten nun auch Aspekte, die diese Sichtweise des Ich als einer monolithischen Instanz entkräften. Gesichtspunkte wie Entfremdung, Diskontinuität oder Antinomien werden der Identität ebenso zugeordnet; dadurch und durch den wechselseitigen, kommunikativen Austausch mit anderen Menschen entstehen eher Identitätsfelder, die sich überlagern und auch offen für Anpassungen sind. Aus dem Kern der Identität wird eher ein dichtes Feld, das aus Kommunikationen gewoben ist. Einem solchen Verständnis folgend wird das Individuum als ein sich ständig wandelndes und fortlaufend veränderndes Individuum gesehen, das auch eine sich in und mit der Zeit wandelnde Identität beinhaltet, die sich auch und gerade zwischen Kulturen und Gesellschaften verändern kann. Die postmoderne Gesellschaft hat dem Menschen seine Behaustheit genommen, sein schützendes Dach von fester Identitätsbildung. Die alte Vorstellung eines Identitätskerns verliert ihre Passung für unsere Zeit. Flusser sieht darin eine Chance; nämlich die Unbehaustheit als Möglichkeit zu erachten, zu einem freiheitlichen Handeln zu kommen. Zwar in einem anderen Zusammenhang stehend, aber auch als Sinnbild für die Identitätskonstruktion erhält der Mensch die Chance „aus den Kerkerzellen, die die gegenwärtigen Häuser sind, auszubrechen, und uns darüber zu wundern [...], so lange daheim und zu Hause ausgehalten zu haben, wo doch das Abenteuer vor der Tür steht“ (Flusser 1998: 71). So wird man zum eigenen Baumeister, Gestalter und Entwerfer seines eigenen Lebens und seiner Identität, die sich fortwährend entwickelt. Dies allerdings ist auch ein Erfordernis der Zeit, denn:

> „Die qualitativen Veränderungen in der Erfahrung von Alltagswelten und im Selbstverständnis der Subjekte könnte man so zusammenfassen: Nichts ist mehr selbstverständlich so wie es ist, es könnte auch anders sein; was ich tue und wofür ich mich entscheide, erfolgt im Bewusstsein, dass es auch anders sein könnte und dass es meine Entscheidung ist, es so zu

> tun. Das ist die unaufhebbare Reflexivität unserer Lebensverhältnisse: Es ist meine Entscheidung, ob ich mich in einer Gewerkschaft, in einer Kirchengemeinde oder in beiden engagiere oder es lasse. Auf diesem Hintergrund verändern sich die Bilder, die für ein gelungenes Leben oder erfolgreiche Identitätsbildung herangezogen werden“ (Keupp o.J.: 4).

Es sind die Bilder eines Surfers oder Nomaden, des Bodenlosen, die sich in diesem Zusammenhang als Folie für die Identitätsbildung und -arbeit anbieten und die den Bruch mit dem herkömmlichen Bild markieren. Das Bild von Identität als einen monolithischen Block tauscht sich ein gegen eine „Verdichtung“ von Erfahrungen, Vorstellungen und Motivationen. Und der Aspekt der bewussten Identitätsarbeit drängt sich auf, in einer Welt, in der die Möglichkeitsspielräume immer größer und vielfältiger werden. Dort ist dann beispielsweise von der „Patchwork-Identität“ die Sprache (vgl. Keupp o.J.: 5). Flusser sieht nun die Identität als einen Knoten aus zusammenlaufenden Fäden innerhalb eines Kommunikationsnetzes, d.h. Identität ist eine Verdichtung von zwischenmenschlicher Kommunikation.

> „Wir wissen, aller Tradition zum Trotz, daß eine wahre Anthropologie davon auszugehen hat, daß wir Knoten innerhalb eines Kommunikationsnetzes sind und nicht selbständige Identitäten. Und daß daher ein menschenwürdigeres Dasein nur dann möglich wird, wenn die Kommunikation als die uns tragende und

> von uns gebildete Grundstruktur erkannt wird“ (Flusser 2000: 18).

Zugespitzt formuliert ist der Mensch bzw. seine Identität selbst eine digitale Streuung, ein sich mit Anderen überlagerndes zwischenmenschliches Beziehungsfeld. Und der dichteste Punkt, der größte Kreuz- bzw. Überschneidungspunkt, bildet dann das Ich, das aber aus einer Reihe von „Anderen“ besteht. Denn die Anderen bzw. die unzähligen Kommunikationen mit den Anderen konstituieren diesen Überschneidungspunkt. In diesem Sinne muss der Mensch sich einem Du zuwenden und kommunizieren, um darüber erst sein eigenes Ich bilden zu können. Und genau dieser Prozess bildet dann im Fortgang den Schritt zu einem Wir. Beginnt der Mensch sich selbst als einen Knoten- und Beziehungspunkt innerhalb eines Netzwerkes zu verstehen, führt diese Offenheit zur Bildung neuer zwischenmenschlicher, kommunikativer Beziehungen, zur Öffnung eines Feldes, das in Anschluss an Martin Buber die Dimension des Zwischen oder des Zwischenmenschlichen genannt werden kann; es ist ein Feld des echten Wir, das sich bildet und für einen flüchtigen Moment das Ich und das Du dort ineinander aufgehen lässt. Und Ziel ist es, nach Flusser, in ein Stadium dieser Entwicklung zu kommen, wo wir nicht mehr zurück ins Ich oder Du fallen, uns dorthin zurückziehen, sondern das Wir sich ausbreiten und seine Flüchtigkeit in Permanenz wandeln kann. Die Entwicklungslinie lautet daher: „Vom Subjekt zum Projekt“:

> „Doch besteht das Grundanliegen dieses ganzen Buches gerade darin, dieses flüchtige und unfaßbare ,wir' – dieser Ort der Entscheidung und Verantwortung – zu festigen und zu fassen. Zu zeigen, daß nur dieses ,wir' konkret ist und daß ,ich und du' flüchtige Abstraktionen daraus sind. Es geht in diesem ganzen Buch darum, die Kapsel des ,ich' und des ,du' ebenso aufzubrechen wie jene des ,es', das Subjekt als ebenso unhaltbar auszuweisen wie das Objekt und damit dem konkreten ,wir' das Feld zu öffnen" (Flusser 1998: 126).

Und Baustoff der eigenen Identität sowie das Stemmeisen zum Aufbrechen der Kapseln des Ich und Du ist nach Flusser die Kommunikation.

7.2.2 Dialog und Diskurs

Wie bereits an einigen Stellen angedeutet, gibt es für Flusser zwei wesentliche Arten und Weisen, wie kommuniziert wird. Er unterscheidet in seinem Buch „Kommunikologie" zwei unterschiedliche Formen der Kommunikation, den Dialog und den Diskurs, die er später an Medien knüpft und die Medien dahingehend in dialogische und diskursive Medien einteilt. Flussers Unterscheidung von Dialog und Diskurs lehnt sich zum Teil an Martin Bubers Ich-Du und Ich-Es Unterscheidung an, geht aber nicht in dieser auf. Dialog- und Diskursformen bilden verschiedene Kommunikationsstrukturen. Diese zu unterscheiden, ist hilfreich für eine adäquate Erfassung und Analyse von Kommunikation im Sinne Flussers.

Dialog

Flusser versteht den Dialog als einen Prozess, „bei dem auf verschiedene Gedächtnisse aufgeteilte Informationen zu einer neuen Information synthetisiert werden“ (Flusser 2003: 286). Es handelt sich also um eine Kommunikationsform und Beziehung, die etwas Neues hervorbringt. Dialogische Medien sind dann Medien, die den Dialog in seiner Entfaltung unterstützen, die die Neuschöpfung von Informationen ermöglichen. Der Diskurs verteilt dagegen vorhandene Informationen. Beide Formen, Dialog und Diskurs, benötigen einander; der Dialog benötigt Informationen, die zuvor von den Beteiligten durch Diskurse angesammelt wurden. Der Diskurs wiederum entsteht erst aus der Verteilung von Informationen, die zuvor in einem Dialog neu synthetisiert wurden. Solcherart gibt es keine Präzedenz, denn jedes dialogische Medium kann zu einem diskursiven werden und umgekehrt. Flusser erblickt zwei wesentliche Dialogarten, den jüdischen und griechischen Dialog, auf welche die zwei grundsätzlichen dialogischen Strukturen Kreis und Netz zurückgehen. Als Bild für den griechischen, kreisförmigen Dialog weist Flusser den Marktplatz und das Parlament aus. Dort sind die Dialogteilnehmer „um eine leere Mitte versammelt, in der sich die neu bildende Information aufstellt“ (Flusser 2003: 287-288). Bei dem Kreisdialog handelt es sich daher um ein nahezu geschlossenes System. Auf die westliche Tradition hat der griechische Dialog durch die sokratische Philosophie einen großen Einfluss ausgeübt und ist als Gedankenmodell tief im westlichen Denken verwurzelt. Bei Sokrates dient der

Dialog – wie oben bereits bei Buber ausgewiesen – als Spielfeld der Erfahrung des Bezugs zwischen einem Gegenstand oder Thema und jenen, die über dieses Thema sprechen. Der Vorrang des Sokrates vor den Anderen beruht nicht auf seinem Wissen über die zu sprechende Sache, sondern darin, dass er die Fragwürdigkeit des Problems am deutlichsten fördert und so das angebliche Wissen selbst problematisiert. Damit wird bei Sokrates der Gesprächspartner, der Andere, zwar ehrlich gehört, aber dies nicht aus Nächstenliebe wie im jüdischen Dialog, sondern als Korrektiv für das eigene Denken. Der Schritt vom angeblichen Wissen zum Problematisieren, der Schritt von der Subjektivität zur Objektivität ist das Ziel dieses Vorgehens. Folglich wird die subjektive Bedingung des Dialogs, nämlich die Gemeinschaft der Teilnehmenden, durch die objektive Gemeinsamkeit der zu gebärenden Sache vervollständigt.
Davon abzugrenzen ist nun eine jüdisch-christliche Dialogvorstellung, die Flusser als Netzdialog fasst und die bisher noch nicht oder nur wenig in den Blick der westlichen Denktradition gekommen ist.

> „Hingegen gibt es eine implizite Analyse des Dialogs in der jüdisch-christlichen Tradition, welche in Bubers ‚Dialogischem Leben' ganz explizit wird und in überraschender Weise das dem Netzdialog inhärente existentielle Problem beleuchtet" (Flusser 2003: 293).

Der Netzdialog ist vom Kreisdialog durch seine Offenheit zu unterscheiden und fußt auf eine andere, eben jüdische, Ontologie. In der griechischen Ontologie wird der Mensch zur Welt in einem Subjekt-Objekt-Verhältnis gesehen, ist der Mensch als „Ich" der Welt als „Es" gegenübergestellt. Im Judentum dagegen steigt das „Ich" aus dem Angesprochenwerden des „Du Gottes" empor. Es ist ein partnerschaftliches „Du", das den Griechen fremd ist. Im jüdischen Dialog wird der Mensch zu einem „Du" Gottes und Gott zum „Du" für den Menschen und damit „versteht es sich von selbst, daß jeder Mensch als ‚mein anderer' für mich ein Aspekt Gottes ist" (Flusser 2003: 295). Während die Form des griechischen Dialogs auf die Bildung neuer Informationen aus ist, betont der jüdische Dialog das Antworten auf das Angesprochenwerden und die daraus erwachsende Verantwortung für das Du. Der andere wird zu einem unverzichtbaren Resonanzboden. Wenn wir heute von authentischer Kommunikation sprechen oder in einer Situation das Gefühl haben, vom Gegenüber *wirklich* angenommen und verstanden worden zu sein, dann sind dies alltagsweltliche Beispiele für diese Form des Dialogs. Es meint ein Verstehen, dass sich in erster Linie nicht auf ein Wissen bezieht (Verstanden haben = Wissen), sondern auf ein Angenommensein als Mensch. Ein dies illustrierendes Beispiel kann eine Sequenz aus dem Science-Fiction-Film „Ender's Game" aus dem Jahre 2013 (nach dem Roman „Das große Spiel" von Orson Scott Card) sein. Dem Film ist ein Motto vorangestellt: „In dem Moment, in dem ich meinen Feind wahrhaft verstehe, gut genug, um ihn zu besiegen, genau in diesem Moment liebe ich ihn auch."

Aus diesen beiden Dialogformen synthetisiert Flusser nun seine Vorstellung vom Dialog, der zum einen die Erzeugung von Informationen als Kennzeichen des griechischen Dialogs beinhaltet. Zum anderen kommt aber auch der Aspekt des Antwortens und Verantwortens als existenzieller Aspekt des jüdischen Dialogs hinzu. Die erwähnten Einschränkungen des Kreisdialogs führen Flusser zur Präferenz einer Netzstruktur als das Muster, welches die Bedingungen – Informationsgenerierung und Ausbildung zwischenmenschlicher Beziehung als existentielle Erfüllung des Menschen – am besten erfüllen und sich zugleich den sich ausbreitenden Diskursen entgegenstellen kann.

Eine qualitative Bewertung der beiden Kommunikationsformen Diskurs und Dialog und daran anschließend der sie unterstützenden Medien, erhalten sie bei Flusser durch seine Definition menschlicher Kommunikation. Sie ist ihm – wie bereits erwähnt – ein künstliches Geschehen, das auf Erfindungen, Werkzeugen und Instrumenten, auf Codes und Symbolen beruht. Aus diesem Grund verortet Flusser die Kommunikationstheorie nicht innerhalb einer Naturwissenschaft, sondern innerhalb der Geisteswissenschaften. Die Eigentümlichkeit des Flusserschen Denkens liegt nicht unerheblich in dem Umstand, dass er naturwissenschaftliche Erkenntnisse in seine Darstellungen einlässt und so versucht, zwischen zwei „Denkwelten" dialogisch zu vermitteln. In diesem Zusammenhang lässt sich auch sein Versuch verstehen, einen dialogischen Ansatz, der zunächst die Unmittelbarkeit voraussetzt, auf die neuen Medien auszudehnen, in dem elektronische Apparaturen nicht mehr nur zwischenmenschlich-trennende und vereinsamende Auswirkungen auf die Menschen haben, sondern im Gegenteil die Technik dazu dienen kann, die Menschen dialogisch zu verbinden. Kommunikation als Ausdruck einer solchen Relation kann nach Flusser nur dann ihren Zweck erfüllen, nämlich die Einsamkeit und Sinnlosigkeit zu überwinden, „wenn sich Diskurs und Dialog das Gleichgewicht halten“ (Flusser 2003: 17). Dieses Gleichgewicht sieht Flusser aber durch eine übermäßige Ausbreitung und die Vorherrschaft des Diskurses gestört und mahnt damit die Gefahr der aufsteigenden Einsamkeit und Sinnlosigkeit an. Die Ähnlichkeit in der Konzeption zu Bubers Grundworten ist hier evident. Auch Buber sieht die Geltung beider Grundworte, Ich-Du und Ich-Es, zueinander und betont, dass Ausgewogenheit zwischen beiden herrschen müsse. Die sich immer weiter aufblähende Es-Welt mit ihren Monologen, die Flusser als Diskurs bezeichnen würde, haben den Dialogbeziehungen den Raum zur Entfaltung genommen und stürzen den Menschen in eine Krise. Beide Grundhaltungen zur Welt, die Ich-Du- und Ich-Es-Haltung, besitzen für den Menschen eine wesentliche Bedeutung. Dennoch bleibt bei Buber davon abgesehen eine Präferenz des Dialogs deutlich erkennbar. Und auch bei Flusser lässt sich eine gewisse Tendenz zum Vorzug des Dialogs entdecken, dass nämlich der Dialog die Möglichkeit des Antwortens bietet und dadurch den Zweck der Kommunikation, Sinn und Gemeinsamkeit herzustellen, besser erfüllen kann als der Diskurs. Denn die Gefahr einer Vorherrschaft der Dialoge ist für Flusser und für Buber keine Notlage, „sondern die der allgemeinen Massifizierung ist dringend ins Auge zu fassen“ (Flusser 2002: 122). Mit den Worten Martin Bubers:

> „In unserem Zeitalter hat die Ich-Es-Relation, riesenhaft aufgebläht, sich fast unangefochten die Meisterschaft und das Regiment angemaßt. Das Ich dieser Relation, [...] das unfähig ist, Du zu sprechen, unfähig, einem Wesen wesenhaft zu begegnen, ist der Herr der Stunde“ (Buber 1962: 598).

Diskurs

So wie Flusser die Struktur des Dialogs in Netz- und Kreisdialog unterteilt, stellt er vier Modelle von Diskursstrukturen vor, die in ihrer diskursiven Ausprägung unterschiedlich sind. Diese sind ineinander verwoben und lassen „sich in dieser reinen Form in der Praxis nirgends finden“ (Flusser 2003: 20). Es sind Theater-, Pyramiden-, Baum- und Amphitheaterdiskurse. Diese Diskursformate veranschaulichen nicht nur gut das, was Flusser unter Diskurs versteht. Sie laden auch dazu ein, alltägliche Kommunikationssituationen oder -strukturen z.B. in Unternehmen oder Organisationen einmal damit zu kontrastieren.

Theaterdiskurse

Theaterdiskurse – Beispiele dafür sind neben dem klassischen Theater auch das Klassenzimmer, der Konzertsaal oder das bürgerliche Wohnzimmer – sind dadurch gekennzeichnet, dass der Sender mit einer Wand im Rücken, die ihn und seine gesendeten Informationen vor äußeren „Geräuschen“, d.h. Störungen, abschirmt, Informationen über Kanäle (in diesem Fall der Luft als Schallträger) an die Empfänger leitet. Die Informationen lagern im Gedächtnis des Senders und werden über die Kanäle an andere Gedächtnisse (Empfänger) gesendet, wo sie wiederum gelagert werden. Die Wand sorgt dafür, dass die Informationen möglichst unverändert durch äußere Einflüsse übermittelt werden. Da die Empfänger der Informationen grundsätzlich die Möglichkeit haben, unmittelbar auf die übersandten Informationen zu antworten, ist der Theaterdiskurs prinzipiell offen für Dialoge. Diese Dialoge beinhalten die „Gefahr“, dass die ursprünglich übermittelten Informationen modifiziert werden, so dass diese Form des Diskurses nur bedingt dazu geeignet ist, „die verfügbaren Informationen treu zu erhalten“ (Flusser 2003: 22) und unverändert zu lassen.

Pyramidendiskurse

Um Informationstreue, die „Reinheit“ der Information besser gewährleisten zu können, bieten sich die Pyramidendiskurse an, die man z.B. in Armeen oder autoritären Parteien und autoritären Gesellschaftsformen findet. Das Besondere an ihnen ist, dass zwischen dem Sender, den Kanälen und den Empfängern ein Relais geschaltet ist. Dieses hat die Funktion, die gesendeten Informationen vor der endgültigen Übergabe an die Empfänger von Störgeräuschen zu befreien und die Informationen zu Kontrollzwecken an den Sender, den „Autor“, zurückzusenden. Erst dann werden sie an die Empfänger weitergeleitet. Bei Strukturen, die Pyramiden gleichen, gibt es mehrere Hierarchieebenen, die durch Kanäle verbunden sind, an deren Ende zunächst ein Relais steht, das die Information „reinigt“, also unverfälscht erhält bzw. die „Reinheit“ überprüft und an die höher liegende Ebene rückkoppelt. Dann gibt das Relais die Informationen an die darunter liegende Hierarchieebene weiter. Charakteristisch ist hier, dass die Informationen stufenweise (hierarchisch und autoritär) überprüft und dann erst an die (vielen) Empfänger weitergeleitet werden. Man erhält so ein hohes Maß an Informationstreue bzw. Unverfälschtheit der Information. Der Pyramidendiskurs „duldet“ so gut wie keine Veränderung der Information. Er ist also gut für die Erhaltung der ursprünglichen Übermittlung geeignet, lässt aber, in der Natur der Sache liegend, kein Umwandeln, kein Fortschreiten der Information zu. In den Gedächtnissen (Empfänger) lagern die Informationen so, wie vom Sender ausgesandt. Die Empfänger haben selbst keine Möglichkeit der Rückkopplung und Sendung von Informationen. „Verantwortung und Revolution sind in der Pyramidenstruktur auf dem Niveau der Empfänger ausgeschlossen“ (Flusser 2003: 23). Damit kann es dort keinen Dialog geben. Es handelt sich idealtypisch um ein geschlossenes System. Um mehr Fortschritt, mehr Raum für die Generierung von neuen Informationen durch die Empfänger zu ermöglichen, aber dennoch ein hohes Maß an Informationstreue zu gewährleisten, muss der Pyramidendiskurs modifiziert werden.

Baumdiskurse
Bei den Baumdiskursen werden statt *Relais*, die ja nur die Unverfälschtheit der vorherigen gesendeten Informationen durch Rückkopplung an die vorherige Ebene sicherstellen sollen, *Dialoge* installiert und damit wesentliche Änderungen eingeführt. Denn diese Dialoge zersetzen und verzweigen die Informationen und fügen sie zu neuen zusammen. Die erzeugten neuen Informationen werden dann weiter versandt. Ein Beispiel hierfür ist der wissenschaftliche und technische Diskurs. Da die neu zusammengesetzten und weiter gesendeten Informationen selbst wiederum aus einem solchen Vorgang erwachsen sind, kann eine eigentliche Urquelle kaum mehr ausgemacht werden. Zudem zerfällt der Diskurs in weitere Bereiche und stößt vielfältige neue Diskurse an. Daher ist die Baumdiskursstruktur ideal für das Fortschreiten und den Neuentwurf von Informationen, hingegen mäßig wirksam für den unveränderten Erhalt von Informationen. Zwar ist diese bis zu einem gewissen Maße (wie in den Wissenschaften) rückführbar und bleibt damit in dieser Hinsicht im Diskurs erhalten. „Aber das Ausarbeiten ständig neuer Informationen kann andererseits als fortschreitende Verformung der zu verteilenden Informationen verstanden werden“ (Flusser 2003: 25). Eine weitere Besonderheit der Baumdiskurse ist die Zielführung auf bestimmte Empfänger. Das liegt letztlich an dem besonderen Code (z.B. der Wissenschaftssprache, mathematische Formeln, organisationsspezifische Gestaltungen etc.) und an seiner extremen Ausdifferenziertheit. Um im Bild der Wissenschaft zu bleiben: Kein Wissen-

schaftler kann sämtliche Diskurse in all seinen Verzweigungen verfolgen und die entsprechenden Informationen in seinem Gedächtnis speichern. Dafür ist die Verzweigung innerhalb der Baumdiskurse zu groß. Er zielt dergestalt auf keinen bestimmten Empfänger, der ihn erfassen könnte. Das wiederum ist auch nicht möglich, da, wie beschrieben, der Code sehr spezifisch ist und nicht von allen Gedächtnissen gleichermaßen aufgenommen werden kann. Daher birgt er die Gefahr in sich, das eigentliche Ziel der menschlichen Kommunikation, nämlich die Überwindung der existentiellen Einsamkeit, zu verfehlen. Aus diesem Grund werden die Baumdiskurse zunehmend von einer anderen Diskursart überlagert, die ein Elaborat der Theaterdiskurse ist.

Amphitheaterdiskurse

In dieser Diskursart ist die „Wand", die sich im Theaterdiskurs befindet, entfernt, so dass die Information des Senders zunächst nach allen Seiten ausstrahlen kann. Beispiele für diese Diskursform sind die Massenmedien wie der Rundfunk, Plakate oder die Presse. Klassische Beispiele sind hier der Zirkus oder das römische Kolosseum. Die Struktur des Amphitheaterdiskurses ist davon gekennzeichnet, dass es zunächst nur zwei Strukturelemente aufweist: Den Sender, dessen Gedächtnis die zu sendende Information enthält und die Kanäle, die diese Informationen in alle Richtungen senden. Einen konkreten Empfänger gibt es nicht. Aber selbstverständlich zielt dieser Diskurs besonders auf den Empfang der Daten. Dies ist durch seine zu allen Seiten ausstrahlende Sendung, der man sich nahezu nicht mehr entziehen kann, sichergestellt. Es handelt sich also um eine möglichst große Anzahl zu treffender „zufälliger" Empfänger, die von den übermittelten Informationen erreicht werden sollen. „Die Strukturlosigkeit der empfangenden Gedächtnisse (der ‚Masse') ist in den Ausstrahlungen der Amphitheaterdiskurse vorgesehen" (Flusser 2003: 27). Aufgrund der Streuung der Informationen ist ein unmittelbarer Bezug zwischen den an der Kommunikation beteiligten Menschen nicht mehr gegeben. Dies wird durch den Umstand verstärkt, dass eine Antwort bzw. eine Rücksendung nicht möglich ist, da dafür keine Kanäle bereitstehen. Daher ist auch jede Verantwortung ausgeschlossen. Eine Variante dieser Form, die zumindest eine etwas stärkere Strukturierung aufweist, ist das Tweeten oder Posten von Informationen über soziale Netzwerke. Sender und Empfänger sind hier nur größtenteils unbekannt und werden zumindest über das ein oder andere gemeinsame Interesse (lose) verknüpft. Überdies gibt es dort die Möglichkeit zu einer mehr oder weniger eingeschränkten Antwortmöglichkeit.

Die Empfänger können ansonsten nichts weiter tun, als die empfangenen Informationen zu konservieren. Und dies fällt besonders leicht, da sie in einem einfachen, nahezu universellen Code übermittelt werden, der eine Aufnahme ohne Weiteres ermöglicht. Das ist ein wichtiger Unterschied zum vorher beschriebenen Baumdiskurs, der durch einen spezifischen Code übermittelt wird. Ein weiterer wesentlicher Kontrapunkt liegt in der Aufhebung der Notwendigkeit, aus Empfängern Sender zu machen. Amphitheaterdiskurse benötigen das nicht mehr, da die Sender mittlerweile zu einem großen Teil aus kybernetischen Gedächtnissen und Programmen bestehen, die nur noch wenig menschlichen Anstoß benötigen. Die Sender sind unsterblich und senden unaufhörlich. Der Informationsstrom bricht nicht mehr ab. Daher muss sich aus der Sender-Perspektive der Informationsstrom auch so gut wie gar nicht mehr in beide Richtungen (Antwortfunktion) bewegen.

> „Daher ist der Amphitheaterdiskurs für beide Absichten der Informationsverteilung die weitaus beste Diskursform: er erhält die Information, indem er seine Empfänger in Informationskonserven verwandelt, und er garantiert den Informationsstrom, da seine Sender ‚ewig' funktionieren. Es ist diese Perfektion der Kommunikation, welche in anderen Kontexten mit dem Begriff des ‚Totalitarismus' versehen wird" (Flusser 2003: 28).

Diskurse sind also dadurch geprägt, dass eine Antwort nur bedingt oder gar nicht möglich ist. Dieser Mangel an Antwortmöglichkeit und die Diskurshoheit über die zu versendenden Informationen, d.h. der Mangel an Dialog, kann in besonderem Maße die Gefahr der Ausbreitung von totalitären und autoritären – von nur einem Autor stammenden – Informationen bzw. Strukturen beinhalten. Und erst die Möglichkeit des Dialogs bietet zusammen mit den beschriebenen Diskursarten das Potential einer ausgewogenen Kommunikationsstruktur. Durch die Unterscheidung der beiden Kommunikationsformen „Dialog“ und „Diskurs“ kommt Flusser in diesem Zusammenhang auch zu einer Einteilung der Medien in diskursive und dialogische Medien.

Diskursive Medien

Medien sind für Flusser „Strukturen (materielle oder nicht, technische oder nicht), in denen Codes funktionieren. Danach sind Telefon und Schulklasse, der Körper und der Fußball Medien: sie erlauben den Codes zu funktionieren, und zwar jedes Medium auf seine spezifische Weise“ (Flusser 2003: 271).

Flusser sieht nun zwei große Klassen, in die man die Vielfalt der Medien einteilen kann. Es sind zum einen jene Medien, in denen eine kodifizierte Nachricht von einem Sendegedächtnis aus zu einem Empfängergedächtnis fließt und zum anderen die Medien, bei denen die Nachrichten zwischen Gedächtnissen hin und her strömen können. Die diskursiven Medien sind durch die erste Beschreibung bezeichnet, die dialogischen durch die zweite. Die diskursiven Medien bzw. die diskursiven Kommunikationsformen verteilen vorhandene Informationen von einem Sender zu einem Empfänger, um diese Informationen zu bewahren, der entropischen Wirkung der Natur zu widerstehen. Beispiele hierfür sind nach Flusser das Kino, Fernsehen oder Plakate. Nur in diskursiven Medien ist übrigens die Unterscheidung zwischen Sender und Empfänger sinnvoll, da sich in dialogischen Medien die Sender zu Empfänger wandeln und umgekehrt. Das ist zwar auch innerhalb der diskursiven Medi-

en möglich, jedoch nicht sofort und über denselben Kanal. Möchte man auf einen Zeitungsartikel antworten, muss man einen Leserbrief schreiben, der ggf. in einer späteren Ausgabe abgedruckt wird. Damit wird deutlich: Nicht das Antwortenkönnen oder eben das Nichtantwortenkönnen sind zentrale Unterscheidungsmerkmale zwischen dialogischen und diskursiven Medien, sondern die Mittelbarkeit bzw. Unmittelbarkeit der Antwort. In diskursiven Medien besteht nur eine mittelbare Antwortmöglichkeit. Gerade dieses nur mittelbare Antwortgeben-können verweist auf den Begriff der Verantwortung, der unter anderem auch die Potentialität des Antwortens auf empfangene Nachrichten beinhaltet. Diskursive Medien tragen dergestalt eine *Verantwortungslosigkeit* in sich, denn eine Antwort auf die übersandten Informationen ist nicht direkt möglich oder wird kontrolliert (z.B. Kommentarbereiche).
Diskursive Medien haben die Absicht, vorhandene Informationen in andere Gedächtnisse zu transferieren. Die Information wird quantifiziert, da sie nach dem Diskurs in mehrere Empfängergehirne – und weiterhin im Sendergehirn – vorhanden ist. Es handelt sich bei dem Transfer um eine Art Kopie, die je nach Störgeräuschen in den Kanälen exakt ist. An diesem Bild wird deutlich, dass keine neuen Informationen durch den Diskursprozess erlangt bzw. erzeugt werden, sondern nur eine Vervielfältigung der schon vorhandenen Informationen. Die wichtige Funktion dieser Informationen ist ihre Verfügbarkeit innerhalb der Dialoge. Das heißt innerhalb der Dialoge wird auf die Informationen zurückgegriffen, die

in den Diskursen erlangt wurden. In den Dialogen wird dann aus den vorhandenen Informationen Neues synthetisiert. Dieser Prozess – das Verteilen von Informationen durch Diskurse und diskursive Medien und das Neuschöpfen aus diesen Informationen im Dialog – muss in einem ausgewogenen Verhältnis stehen. Herrschen die Diskurse vor, so wie es Flusser für die aktuelle Gesellschaft konstatiert, droht eine faschistische und totalitäre Gesellschaft. Und da es sich bei der gegenwärtigen Kulturrevolution um eine technische handelt, stellt Flusser die Frage, „ob es technisch möglich ist, die faschistische Struktur der Bildausstrahlung umzuformen“ (Flusser 1999: 70) und in eine dialogische zu überführen, die die zwischenmenschlichen Bindungen, das gesellschaftliche Netz stärken und wiederbeleben.

Dialogische Medien

In Abgrenzung zu den Diskursen und diskursiven Medien, stellt Flusser die Möglichkeiten des Dialogs bzw. der dialogischen Medien in den Mittelpunkt; und zwar jenes Dialogs, der die Fähigkeit besitzt, durch eine weltumspannende Netzstruktur alle Menschen der Welt einzubeziehen. Es geht ihm demnach darum, die dialogische Möglichkeit der Netzkommunikation als Grundlage der Überwindung der existenziellen Bedrohung des Menschen durch die Sinnlosigkeit seines Seins zu entwerfen. Dem Dialog ist daran anschließend das Kommunikationssystem des Netzes zugeordnet, während der Diskurs bei Flusser in Form des Rundfunksystems Ausdruck findet. „Im Rundfunksystem ist ein zentraler Sender strahlenförmig und eindeutig (‚univok') mit einer Anzahl von pheripheralen [sic] Empfängern verbunden" (Flusser 2002: 117).

Im Netzsystem bzw. Dialog werden Informationen neu synthetisiert, im Rundfunk bzw. Diskurs werden sie gespeichert und einseitig verteilt. Innerhalb dieser beiden Systeme lokalisiert Flusser zwei unterschiedliche Stimmungen, die offenkundig von Bubers Unterscheidung des Dialogs und der Ich-Es-Relation inspiriert sind.

> „Dem dialogischen Netzsystem entspricht die Stimmung der Verantwortung (Möglichkeit zur Antwort) und der Tätigkeit (Ausarbeitung von Informationen)" (Flusser 2002: 117-118).

Flusser nennt an dieser Stelle die Schlüsselbegriffe der Buberschen Dialogphilosophie: *Die Ver-antwortung*, die man für das Du besitzt, trägt in sich selbst das dialogische Wort; es ist die Antwort, die das Du und das Ich je zu geben bereit sein müssen und zu verantworten haben. Und wenn Flusser von der Tätigkeit spricht, erinnert er an Bubers Prinzip des Wirkens und Verwirklichens. Denn die unmittelbare Beziehung ist für Buber ein Wirken am Anderen, die überdies das Potential für einen wahren Erkenntnisakt und neues Wissen besitzt (vgl. Buber 1962: 120, 87, 105 und 129). Und bei beiden, Flusser und Buber, steht daher die Form der Kommunikation, diskursiv/monologisch oder dialogisch, im Vordergrund und weniger der Inhalt der Kommunikation. So spricht Flusser von der Synthetisierung neuer Informationen im

Dialog, ohne deren Qualität und Gehalt als solche zu bewerten. Es geht um das schöpferisch Neue, das sich durch den Dialog manifestieren kann. Und es sind die neuen technischen Möglichkeiten, die es uns heute ermöglichen können, einen weltumspannenden Dialog zu führen und auszufüllen.

Von der Ausgestaltung des medialen Schaltplans, der Sender und Empfänger hängt es überdies ab, ob die Gesellschaft sich hin zu einer demokratischen, freiheitlichen und schöpferischen entwickelt oder ob sie totalitär und faschistisch wird. Denn Sender, die zwar dialogische Funktionen besitzen, aber im Dienste und unter Kontrolle einer Regierung oder kommerziellen Institutionen stehen, stützen den Diskurs und diskursive Strukturen unter Vorgaukelung der Möglichkeit des Antwortens. Die stark eingeschränkte Funktion (Zensur) des Internets in verschiedenen Ländern (z.B. China) kann hierfür ein aktuelles Beispiel sein. Dennoch: Diskursive und dialogische Medien sind elementare Bestandteile einer Gesellschaft. Wie eine Gesellschaft ausgestaltet sein muss, die die heutigen technischen Möglichkeiten so nutzt und anwendet, dass man von einer freiheitlichen, schöpferischen und demokratischen sprechen kann, zeigt Flusser in seinem Entwurf der telematischen Gesellschaft. Aber eine solche Gesellschaft muss von den Menschen gewollt werden, sie ist kein sich erfüllender Prozess, der als Ergebnis technischer Innovation steht, sondern sie setzt einen Konsensus der Menschen voraus. „Eben ein solcher Konsensus ist jedoch nicht in Sicht“ (Flusser 1999: 72). Denn die Menschen wollen – so Flusser – von den ankommenden Informationen, den Bildern zerstreut werden und nicht ihr Bewusstsein, wie es für einen Dialog nötig wäre, sammeln und konzentrieren. Sie verharren in der Programmierung der Sender und ihren angebotenen Möglichkeitsspielräumen oder in den hoch spezialisiert geführten Baumdiskursen.

> „Auf der Ebene der Masse hat die Kommunikationsrevolution den Dialog durch die Ausarbeitung der Massenmedien vernichtet, und auf der Ebene der Elite hat sie ihn durch die Ausbreitung der Baumdiskurse in kleine geschlossene und daher verfremdete Kreise zerrieben" (Flusser 2003: 292).

Aber für Flusser deutet sich das Emportauchen einer neuen Gesellschaft an, die sich gegen die diskursiv geschalteten Bilder stellt. Es geht um ein Engagement gegen Strukturen und Schaltpläne und für Netzsysteme, die sich gegen die diskursiven Massenmedien behaupten können. Flusser nennt sie eine „telematische Gesellschaft", in der die Menschen lernen, die besonderen Codes – die Technobilder – tiefer und genauer zu lesen und zu verstehen. Dies ist ein Abzweig, den wir an dieser Stelle nicht weiter verfolgen können.

7.3 Synthese

Was über Bubers und Flussers Ansatz ausgewiesen wird, ist eine andere qualitative Reichweite von Kommunikation. Wenn Kommunikation in der Form der Ich-Du Beziehung die Existenzweise des Menschen darstellt, die es anzustreben und einzunehmen gilt und mein Gegenüber dadurch nicht nur zu einem einfachen Gesprächspartner, sondern zu einem existentiellen Teil der eigenen Menschwerdung wird, dann erwächst aus jeder Kommunikationssituation eine besondere Verantwortung. Aus jeder Kommunikationssituation deshalb, weil in jeder Situation die Möglichkeit einer solchen Ich-Du-Beziehung angelegt ist und man wechselseitig die höchste Form der Verantwortung für den anderen trägt. Auch wenn eine solche hohe moralisch-existentielle und normative Aufladung in den unzähligen kommunikativen Alltagssituationen hoch gegriffen erscheint, so erinnert Bubers Ansatz und das Wissen um die hohe Bedeutung für das Menschliche daran, dass Kommunikation Verantwortung beinhaltet. Daraus erwachsen können Wertschätzung, Respekt und Gewaltfreiheit, die nicht erst ins Spiel kommen, wenn bereits ein Konflikt vorliegt, sondern als Grundhaltung Teil einer jeden Kommunikation sein sollten. Um es mit einem informationstheoretischen Bild auszudrücken:

Bei einer Denial of Service Attacke (DoS oder auch DDos bei einem verteilten Angriff) wird das „Verstehen" verunmöglicht, indem die Übertragung durch ein Außer-Betrieb-Setzen gestört wird. Dahingegen wirken Falschnachrichten, Lügen, die Verschiebung von Bewertungsfolien (z.B. was sagbar ist und was nicht) durch Internettrolle usw. der semantischen (inhaltlichen) Ebene entgegen. Kommunikation findet statt, aber ein gemeinsamer Bezugspunkt – oder in Anlehnung an Reichertz –, der Raum der „guten Gründe" wird torpediert und geschwächt, so dass ein gemeinsames Verstehen, eine gemeinsame (ähnliche) Weltsicht und -perspektive unterminiert wird. Gegenwärtig lässt sich diesbezüglich ein Kommunikationsparadox beobachten. Auf der einen Seite bieten sich unzählige Kanäle und Foren für die Entäußerung nahezu aller möglicher Themen, Sichtweisen und Perspektiven, finden sich Foren von Gleichgesinnten und weitgehend offene Plattformen für die Distribution von medialen Inhalten. Auf der anderen Seiten ist zeitgleich das Feld des Sagbaren an anderen Seiten kleiner geworden. Aspekte wie politisch korrekte Aussagen, die Genderpflicht an manchen Universitäten (und Notenabzug bei Nichteinhaltung) oder eine sog. Cancel-Culture, die abweichende oder als diskriminierend empfundene Sichtweisen grundsätzlich aus dem sagbaren Diskurs ausschließen und die entsprechenden Sanktionen verweisen auf diesen gegenteiligen Umstand. So finden beide Seiten Gehör und fühlen sich im Recht: Jene, die kritisieren, dass Beleidigungen, Belästigungen, sprachliche Diskriminierung oder Hate Speech zugenommen haben und dagegen vorgegangen werden müsse; und jene, die umgekehrt darauf verweisen, dass heute bereits der Klick auf ein „Like" eines Tweets, der politisch oder gesellschaftlich fragwürdige Inhalte aufweist, die unbedarfte Nutzung eines Wortes oder Problematisierung gewisser Themen (derzeit z.B. Impfen, Transgender, Migration) zum Ausschluss aus dem öffentlichen Diskurs (inklusive privater und beruflicher Folgen) führen könne. Darin spiegelt sich Flussers Hinweis auf die Vernetzung wider, die in Form des Internets das Potential hat sowohl zu einer basisdemokratischen und partizipativen Demokratie zu führen als auch zum *Faschismus*.[23] Die Bedeutung von Kommunikation, die Reflexion über ihre (medialen) Veränderungen und Funktionsweisen lassen sich mit den Ansätzen von Buber und Flusser in besonderer Weise, nämlich aus einer existentiell-menschlichen Sichtweise, rekonstruieren und rückführen und damit immer auch nach dem (Un)Sinn und Potential solcher Kommunikationsweisen fragen. So kann – als ein Beispiel – eine solche Reflexion für sog. Analogieschlüsse sensibilisieren, die allzu oft das sog. Neue aus dem Alten ableiten und so dazu neigen, das spezifisch Andere im „Neuen" nicht zu sehen oder in umgedrehter Perspektive nur das Neue und nicht das bereits darin enthaltene Alte zu erkennen. Warum ist das z.B. bei der Analyse oder Reflexion einer Kommunikationssituation von Bedeutung? Es lässt sich beispielsweise fragen, was die Unterschiede und was die Gemeinsamkeiten von Cybermobbing in Bezug zum Mobbing sind. Beide Interaktionssituationen sind in einem wesentlichen Punkt unterschieden: in der körperlichen Reichweite und der darin enthaltenen physischen Gewaltmöglichkeit. Eine solche ist beim Cybermobbing schlicht nicht gegeben. Daraus folgt keineswegs eine Verharmlosung des Cybermobbings. Mögen beide Formen Mobbing und Cybermobbing im (schlimmsten Fall) ähnlich negative Auswirkungen haben, so kann der Blick und die Problematisierung der unterschiedlichen Interak-

[23] Flusser versteht darunter eine Schaltung, die zu einer Bündelung vieler Menschen führt (lat. fasces: Bündel) und damit einhergehend eine Verengung auf eine Sichtweise und Meinung, die einer Gleichschaltung nahekommt.

tionssituationen auch zu unterschiedlichen Präventionsangeboten und Vorschlägen für veränderte Handlungspraktiken führen. Man kann den Blick auf die Strukturen legen, die beide gemeinsam haben, aber eben auch auf die Punkte abheben, aus denen – wie erwähnt – z.B. in Bezug zur Prävention unterschiedliche Handlungsweisen erwachsen können. Setzt man hier vorschnell unmittelbare Kommunikationssituationen z.B. auf dem Schulhof und digitale Formen wie Twitter-Tweets oder TikTok-Videos oder Postings gleich, weil sie beide im Ergebnis (Mobbing) destruktiv und *gewalttätig* sind, können präventive Angebote an Wirkfähigkeit verlieren. So ist es wichtig nicht nur ihre Gemeinsamkeiten zu konstatieren, sondern eben auch ihre Unterschiede: beide finden z.B. in verschiedenen sozialen Situationen statt und besitzen eine andere Reichweite sowie zeitliche Präsenz im sozialen Raum. Während beispielsweise der Schulhof einen (auch sozial) begrenzten Raum umfasst, ist beim Cybermobbing oft – aufgrund der sozialen Vernetzung und damit „Zusammenraffung" der unterschiedlichen sozialen Lebensbereiche (Freunde und Bekannte aus vielen Lebensbereichen) – ein größerer Lebensbereich betroffen, wodurch die soziale Reichweite der Viktimisierung und mithin die psychische Belastung größer werden kann. Aufgrund einer heute durch und durch mediatisierten sozialen Welt ist ein „Entkommen" oder Ausweichen der Situation zwar möglich, aber weitaus schwieriger. Umgekehrt besteht beim Cybermobbing zunächst keine unmittelbare Gefahr für die physische Existenz. Bei einer solchen Beschau geht es dergestalt keineswegs darum danach zu fragen, was schlimmer oder existenzgefährdender im Sinne eines Relativierens ist. Vielmehr können sich die Strategien zur Bewältigung von analogem oder digitalem Mobbing unterscheiden.

In umgekehrter Hinsicht, also der Frage nach den persönlichkeitsbildenden, menschwerdenden (oder nach Buber: verhindernden) Potentialen beider Formen – der koleiblichen und digitalen Kommunikation – ist dann in ähnlicher Form zu fragen: Wie lässt sich – wie es Hartmut Rosa (vgl. Rosa 2012) nennt – Resonanz erzeugen? In der Coronakrise und der damit im Bildungssektor verbundenen digitalen Lehre in Schulen und Hochschulen wurden und werden solche Fragen virulent: Leistet das digitale Klassenzimmer das Gleiche, wie analoger Unterricht? Lassen sich alle (analogen) Lernformate in digitale Formen übertragen, ohne *etwas* zu verlieren? Auf diese Diskussion lässt sich hier allenfalls hinweisen, für ein substantielles Für und Wider bleibt kaum Raum. Zumindest auf zwei illustrierende, widerstreitende Aspekte soll hier exemplarisch aus der eigenen Forschung und Tätigkeit des Autors hingewiesen werden. Das erste Fallbeispiel stammt aus einer Forschung zum Thema Nachhilfeinstitute (vgl. hierzu Bidlo 2020) in analoger und digitaler Form. In leitfadengestützten Interviews führte der Verfasser Gespräche mit der Leitung von Nachhilfeinstituten. In diesem Zusammenhang wurde dann auch die Frage nach digitalen Formen von Nachhilfe gestellt. Die Antwort eines Institutsleiters soll hier als Illustration dienen:

„Wenn ich ein Kind habe, dass im Unterricht nicht richtig aufpasst und zuhause nicht selbstständig nachlernt, ist es die Preisfrage, ob das Kind, fleißig wie es ist, ein paar Stunden regelmäßig sich den Stoff reinzieht. Nein, wird es nicht. Das Kind könnte ja auch das Schulbuch nehmen und daran arbeiten [...] es macht es nicht. Jetzt lieber zocken und zwischendurch, wenn Mutter mal reinguckt, schalte ich schnell den Bildschirm um. Was die Kinder brauchen, ist ein Mensch, der sie wahrnimmt als Mensch, der sie wertschätzt und ihnen zeigt, du bist wertvoll. Das kann der Bildschirm nicht."

Dieses Beispiel verdeutlicht, dass es dem Nachhilfelehrer bzw. Institutsleiter hier gerade nicht nur um die Ebene der reinen Informations- und Wissensvermittlung geht, sondern er benennt zusätzlich den anthropologischen Aspekt von Kommunikation und Begegnung. Es sind Aspekte wie Würde und Wertschätzung oder die Anerkennung des Schülers bzw. der Schülerin. Ja, letztlich geht es sogar darum, dass man als Mensch die Verantwortung für den Anderen übernimmt und ihn im guten Falle in seiner Person akzeptiert. Der Nachhilfelehrer stellt damit einen Resonanzboden für den Schüler dar und zwar nicht nur hinsichtlich des zu vermittelnden Wissens, sondern als *echter* Mensch. Der Nachhilfeinstitutsleiter Herr Franzen[24] formuliert an dieser Stelle die Sinnfigur von unmittelbarer Kommunikation als Gegensatz zur digitalen Kommunikation, die mit dem Auf-

[24] Name wurde anonymisiert.

kommen der digitalen Kommunikationsmöglichkeiten erneut virulent geworden ist und auch heute weithin verhandelt wird.[25] Das Darüberhinausgehen über ein rein instrumentelles oder kausales Beziehungsmuster thematisiert der Nachhilfeinstitutsleiter und -lehrer Herr Franzen nun, wenn er als Mensch für einen Menschen da ist und diesen anerkennt. Damit wird aus der Perspektive des Herrn Franzen die digitale Nachhilfe zur kommunikativen Verlängerung des modernen Entfremdungsprozesses, der in der Tradition Bubers zu einem Verlust der Möglichkeit zur Menschwerdung führt: „Wenn wir je dazu gelangten, uns nur noch durch den Diktographen, also kontaktlos, miteinander zu verständigen, wäre die Chance der Menschwerdung bis auf Weiteres vertan" (Buber 1962: 421).

Es geht nun an dieser Stelle nicht darum, diese These einer normativen Untersuchung und wissenschaftlichen Erörterung des Für und Wider digitaler Kommunikationsweisen zuzuführen, sondern allein darum, diese Verlustigung als durchscheinende Sinnfigur auszuweisen und diskursiv zu verorten und mögliche Reichweiten einer solchen Diskussion und – im praktischen Sinne – Abschätzung der Möglichkeiten und Grenzen unmittelba-

[25] Als Beispiel dienen zum einen die vielfältigen Ausdehnungen digitaler Kommunikation in klassische koleibliche Kommunikationsformen, wie die Beratung im Rahmen sozialer Arbeit, Bank- oder Anwaltsberatung oder die auch hier angedeutete digitale Schul- und Weiterbildungsmöglichkeit. Zum anderen platziert sich digitale Kommunikation durch physische Repräsentanten z.B. auch im Bereich der Pflege, indem physische Pflegeroboter den unmittelbar-kommunikativen Spalt aufzulösen versuchen. Weitere, physisch präsente digitale Assistenten sind hier für die Zukunft nicht nur vorstellbar, sondern sind bereits Realität.

rer koleiblicher und digital mittelbarer Kommunikation zu verzeichnen. Wenn Herr Franzen nun von der Wertschätzung des Schülers, der Wahrnehmung des Anderen von Mensch zu Mensch spricht, formuliert er hier diesen existentiellen Aspekt der Kommunikation, eine Resonanzbeziehung, die zugleich auf eine humanistische Perspektive auf den Menschen und die Bildung verweist, in der es schlussendlich um die Veredelung des Menschen geht und die reine Wissensvermittlung dann nachrangig ist. Die Zuwendung, von der Herr Franzen spricht, folgt aber noch einem weiteren Motiv. Wenn er von „wertvoll" spricht und diesen Umstand nicht an Noten, Ergebnissen oder Lernfortschritten festmacht, grenzt er sich und die Nachhilfe von einer Defizitperspektive ab, die man ihr zuschreiben kann. Der Wert des Nachhilfeschülers wird nicht über die Noten und seine Leistungen bemessen, sondern er wird weitgehend als Mensch in Beziehung zu einem anderen Menschen gefasst. Dies kann der „Bildschirm", so Herr Franzen, nicht (vgl. hierfür Bidlo 2020 257 ff.).

Ein anderes, widerstreitendes Beispiel hierzu entsprang zweier Tagungen in der Ukraine 2015 und 2016, in der es im Rahmen des Ukrainekonflikts um Möglichkeiten zum Dialog und Konfliktlösung ging.[26] Konfliktbehaftet ist und war hier besonders die Besetzung der Krim durch Russland als Teil der Ukraine sowie Gefechte rund um

[26] Der Verfasser war in den Jahren eingeladen, dort einige Vorträge zu Möglichkeiten und Grenzen der Dialogphilosophie für die Konfliktbewältigung zu halten. Martin Buber – 1871 in Wien geboren – wuchs er bei seinen Großeltern im galizisch-österreichischen Lemberg (heute Lwiw, Ukraine) auf und steht darüber in einer Beziehung zur heutigen Ukraine.

die Gebiete Donezk, Luhansk und der Ostukraine. Dadurch wurde überdies eine Binnenfluchtbewegung innerhalb der Ukraine angestoßen. Aus den Kriegsgebieten flohen über 1 Mio. Menschen. Die ukrainische Gesellschaft ist zunehmend gespalten in einen westlichen, pro europäischen Teil und einen östlichen, der zwar räumlich in einem Konflikt mit Russland steht, kulturell allerdings eine größere Nähe zu Russland spürt. Ohne hier zu sehr in politische und historische Gefilde abzudriften, muss man sich vergegenwärtigen, dass Russisch zur Zeit des Kalten Krieges als Hauptsprache in der Ukraine gefördert wurde. Das Ukrainische war zwar nominell gleichberechtigt, aber z.B. im Bildungssektor nur marginal vertreten. So sprachen im Jahre der Unabhängigkeit der Ukraine im Jahre 1991 die Mehrzahl der in der Ostukraine lebenden Menschen Russisch als Muttersprache und Ukrainisch als gelernte Zweitsprache, während in der Westukraine das Ukrainische stärker vertreten war. Noch heute führt diese Zweisprachigkeit zu binnenpolitischen Konflikten.[27] Diese Melange an Konflikten aus Krieg, Sprachlichkeit, Fluchtbewegungen (über eine Millionen Binnenflüchtlinge in der Ukraine), politischen Sichtweisen (pro europäisch vs. pro russisch) führte auch in der Zivilgesellschaft und dem täglichen Mit-

[27] Ein Beispiel auf einer der Tagung konnte der Verfasser selbst beobachten. Ein ukrainischer Vortragender hielt seinen Vortrag auf Russisch, das von allen Anwesenden verstanden wurde (dem Verfasser wurde ein Simultan-Dolmetscher gestellt). Das stieß in Teilen des Publikums auf Unmut, der im Anschluss deutlich geäußert wurde. Der Vortragende wiederum wies darauf hin, dass seine Muttersprache Russisch sei, in der Ukraine das Russische als Amtssprache anerkannt sei und er seinen Vortrag entsprechend auf Russisch gehalten habe.

einander zu einer Spaltung: zwischen Nachbarn, in Familien oder zwischen Arbeitskollegen. Und es drohten in diesem Zusammenhang auch gewalttätige und körperliche Auseinandersetzungen. Vor diesem Hintergrund wird dann die *Reichweite* unmittelbarer Kommunikation in besonderer Hinsicht bedeutsam. Wenn die Möglichkeit zur unmittelbaren physischen Gewalt gegeben ist – und dies ist sie nur in der unmittelbaren koleiblichen Kommunikationssituation –, dann verhindert der Appell zu einem solchen Dialog eher den kommunikativen Austausch. Kommunikation bricht ab und findet gar nicht oder kaum mehr statt. Denn ein meist unthematisierter Anwesender in der Kommunikation ist das Vertrauen, das Vertrauen in Unversehrtheit und körperlicher Gefahrlosigkeit. Ist das Vertrauen in das Gegenüber hinsichtlich einer solchen möglichen übergriffigen Situation nicht mehr vorhanden, verliert sich der direkte Austausch. Der Abbruch aller kommunikativen Brücken stellt dann die ultimative kommunikationslose Situation dar.

An dieser Stelle können wiederum digitale Dialogräume erste kommunikative Fäden spannen, um Vertrauen in einen gewalt- und übergriffsfreien kommunikativen Austausch zu ermöglichen. Es mag übertrieben klingen, jedoch gab es in der älteren wie jüngeren Geschichte immer wieder Beispiele für solche Gewalt. Medienvermittelte, digitale Kommunikation kann an dieser Stelle ein substantieller Brückenbauer für die Kommunikation sein. So lässt sich über Bubers und Flussers Ansatz auch darüber nachdenken, wie und in welchem Verhältnis heute unmittelbare und digitale, vermittelte Kommunikation stehen kann. Will man eine Synthese aus Bubers und Flussers Ansatz wagen und daraus ein Menschenbild entwickeln, so lässt sich der *dialogische Polysynthetiker* als entsprechende Figur ausweisen (vgl. Bidlo 2006: 253 ff.). Diese Figur verweist darauf, dass Kommunikation hier eine fundamentale Rolle spielt und gerade die unmittelbare Kommunikation entscheidend ist für die Herstellung von Intersubjektivität und Verständnisabsicherung. Die unmittelbare Kommunikation bildet den Grund für die Bildung und Aufrechterhaltung sozialer Beziehungsnetze. Daher sucht der dialogische Polysynthetiker nach den Möglichkeiten des persönlichen Gesprächs. Allerdings erschöpfen sich seine Kommunikationsmöglichkeiten nicht in dieser unmittelbaren Kommunikationsform – vor allem vor dem Hintergrund heutiger digitaler Kommunikationsmöglichkeiten –, sondern er erschließt sich ebenfalls die neuen technischen Kommunikationschancen, um zwischenmenschliche Kontakte herzustellen, zu erweitern und zu pflegen. Er synthetisiert aus den vorhandenen Kommunikationsmöglichkeiten ein ausgewogenes Maß, das den Anderen und die Verantwortung, die man ihm gegenüber hat, nicht aus den Augen verliert und ihm eine „Resonanz" (Rosa 2016) bietet.

Und gerade in beruflichen und gesellschaftlichen Bereichen, in denen sich hybride Formen des Lernens, Arbeitens und mithin Kommunizierens immer stärker ausdifferenzieren, ist die (ungeklärte) Frage nach einem Maß von digital-vermittelter und unmittelbarer Kommunikation virulent und erfordert nahezu tagtäglich eine neu abzugebende Stellungnahme von jedem Einzelnen; digitales Homeschooling, Homeoffice, digitale Arztsprechstunden sind hier nur kurze und derzeit aktuelle Schlagwörter.

8. Abschluss: Von analog zu digital

Diese kurze Reise durch das Feld, das der Begriff „Kommunikation“ aufspannt, hatte zum Ziel, die in einem breiten hochschulspezifischen Fachspektrum immer wieder thematisierten Aspekte von „Kommunikation“ kommunikationswissenschaftlich etwas weiter als dort sonst üblich rückzubinden an die entsprechenden theoretischen Ansätze. Denn so sehr Kommunikation in den unterschiedlichen Fächern auf die ein oder andere Weise gelehrt und mithin als wichtig ausgewiesen wird, so sehr überrascht dort – wie im Vorwort bereits angezeigt – die beengte Perspektive auf Kommunikation, die meist nur bis dem – ohne Frage wichtigen – Ansatz von Schulz von Thun, dem „Man kann nicht nicht kommunizieren“ (Watzlawick et al.) und vereinzelt dem (oft zu) unkommentierten Sender-Empfänger-Modell reicht. Zwar könnte man an dieser Stelle in Rechnung stellen, dass je nach späterer beruflicher Ausrichtung verschiedene kommunikative Schwerpunkte eine Rolle spielen.

Bei genauerer Betrachtung allerdings zeigt sich, dass die meisten grundlegenden Aspekte von Kommunikation überall „greifen“, aber hinsichtlich ihrer Reichweite, dem jeweiligen Problemfeld und den Kommunikationsformen einer Anpassung bedürfen. Ein Modell, das für die unmittelbare Kommunikation unter Anwesenden entwickelt und analytisch erarbeitet wurde, lässt sich nicht unproblematisiert auf z.B. digitale Kommunikationsweisen anwenden. Das heißt nicht, dass man nicht einzelne Entlehnungen vornehmen kann. Es ist allerdings nötig zu prüfen, ob der entlehnte Aspekte dann noch die gleiche analytische Aussagekraft besitzt. Und ein Bezug auf den selbst hergestellten Problembereich wäre entsprechend zu begründen.

Wenn man nun die verschiedenen Formen der digitalen und koleiblichen Kommunikation Revue passieren lässt und beschaut, welche unterschiedlichen Anforderungen und Erfordernisse sie und ihre hybriden Arten und Weisen mit sich bringen, dann lässt sich konstatieren, dass der Mensch als kommunikativer Akteur heute vielfältiger gefordert ist. Nicht nur die eigene Fähigkeit des Kommunizierens ist hier angesprochen, sondern auch die Reflexion über Reichweiten, Grenzen und Auswahl geeigneter „Formate“ von Kommunikation.[28] Heute findet die Mehrzahl kommunikativer Situationen über elektronische Artefakte und im Rahmen digital-sozialer Netzwerke statt. Die Nutzer kommunikativer Netzwerke *verwandeln* sich dort in symbolische Repräsentationen.

Folgt man der begründeten These – wie sie in Kapitel 7 angezeigt wurde –, dass Kommunikation auch und vor allem der Verständnisabsicherung, dem Identitätsaufbau und schlussendlich auch der Anerkenntnis des Anderen dient, dann kann man fragen, ob und wie digitale Kommunikationsformen dafür geeignet sind. Darüber hinaus ist zu fragen, wie sich der Prozess der Digitalisierung und Mediatisierung insgesamt auf unsere Kommunikati-

[28] Man denke z.B. an die Sensibilisierung von Kindern und Jugendlichen für die Reichweite von Fotos und Nachrichten über social media Postings.

on auswirkt. Entstehen neue und andere Formen der Resonanz und Anerkennung der Anderen? Diese mitunter weit in das Feld der Erkenntnistheorie reichenden Fragen und Auseinandersetzungen haben gleichwohl immer auch eine alltägliche Relevanz. Reicht beispielsweise eine Trauer-E-Mail oder allgemein eine digitale Nachricht, um zu kondolieren oder ein Brief, Telefonat oder eine persönliche und unmittelbare Vorsprache? Bedeuten sie alle dasselbe? Wie ist das soziale Koordinatensystem dieser Ausdrucksformate? Und „entscheidet" der Sender oder der Empfänger darüber – beide eingewoben ins Soziale und mit Zugriff auf das entsprechende soziale Koordinatensystem und darüber Teil desselben?

Die, wie es heute heißt, disruptiven gesellschaftlichen Entwicklungen, die – vor allem durch die Digitalisierung – immer weitere Lebens- und Arbeitsbereiche erfassen, führen zu immer schnelleren Anpassungserfordernissen der Menschen. Wie lassen sich die verschiedenen Kommunikationsformate in Einklang bringen und welche Wirkungen haben sie auf unser Handeln und Denken?

Eine besondere Eigenschaft der digitalen Kommunikationsweise ist, dass sie dreigeteilt ist, d.h. triadisch aufgebaut ist (vgl. Bidlo 2018b und 2019). Diese Dreiteilung – auf die gleich zurückgekommen wird – liegt in einer sich verändernden Medien- und Kommunikationsästhetik[29] begründet, die sich tiefenästhetisch in die Gesellschaft und die Art und Weise, wie Menschen miteinander kommunizieren und Welt erfahren, einschreibt. Damit ist gemeint: Menschen haben heute in modernen Gesellschaf-

[29] Ästhetik verstanden als aisthesis, d.h. als Wahrnehmungsform.

ten fortwährend Zugriff auf digitale (internetverbundene) Medien wie Smartphone, Laptop, Smartwatch o.ä. Dieser zeitlich und räumlich dauerhafte Zugriff sowie die rein quantitativ schnelle Kommunikationsmöglichkeit hat zu einer qualitativen Veränderung im Handeln und auch im Denken geführt (vgl. dazu ausführlich Bidlo 2019). Eine wesentliche Veränderung ist die triadische Struktur von Produktion, Distribution und Rezeption (Konsumtion), die die neuen Medien kennzeichnet. Diese Dreiteilung, die Jauß (vgl. Jauß 1970, 1977) bereits für ein literarisches Werk konstatiert hat, ist zunächst nichts völlig Neues. Unzweifelhaft ist aber die Dynamisierung und auch die (zeitliche wie räumliche) Zusammenstellung dieser drei Bereiche durch die digitalen Medien etwas Neues. D.h. die Hervorbringung eines digitalen Artefaktes, seine Distribution (Verteilung) und die eigene wie fremde Rezeption bzw. der Aufruf zur Rezeption (kritisch formuliert wäre es der Konsum) können in einer unmittelbaren zeitlichen Nähe geschehen (und tun dies in der Regel auch). Wichtig ist die Verkettung dieses Prozesses, der zugleich Schnittstelle für weitere solcher Verkettungen bietet. Ich rezipiere ein Artefakt, ich produziere dadurch angestoßen ein Artefakt (z.B. Foto), ich verteile das produzierte Artefakt und biete es anderen (aber auch mir selbst) zur Rezeption an (Twitter, Instagram, TikTok usw.) und diene damit zugleich als mögliche Schnittstelle und Anstoß für weitere Artefakte. Aus Tofflers (1983) *Prosument* ist heute ein *Prodisument* geworden (vgl. Bidlo 2019: 333). Das Besondere ist nun, dass die neuen, dies ermöglichenden Medien, unsere

Wahrnehmung für diesen möglichen Prozess sensibilisieren. Wir nehmen unsere Umgebung zunehmend in dem Modus der digitalen (Ver-)Teilbarkeit (Distribution) wahr. Sobald sich eine interessante, lustige, irritierende usw. Wahrnehmungsweise bietet, *teilen* wir dies digital, kommunizieren und stoßen Kommunikation an.

Abbildung 3: Eigenes Bildbeispiel.

Das hier zu sehende Bildbeispiel verdeutlicht diesen Vorgang exemplarisch. Der Autor war zu einem Vortrag einige Wochen zuvor in Brasilien auf einer Tagung. Mit den dort kennengelernten Kolleginnen und Kollegen vernetzte er sich via Facebook. Das Bild entstand einige Monate später nach der Tagung im April 2013 zurück in Deutschland. Bei einer Autofahrt stand er an einer roten Ampel und blickte wartend aus dem Fenster und sah dabei das Geschäft mit der Aufschrift „Made in Brasil“. In der Divergenz der stereotypen Assoziationen zu Brasilien (Sonne, Wärme, Strand, Meer, leichte Bekleidung), dem zu sehenden tristen deutschen Wetter sowie der Bedienung des Stereotyps des kalten Deutschlands lag der Reiz des Schnappschusses und des Teilens über soziale Medien. Beachtenswert ist weniger der Vorgang des Fotografierens als der Umstand, dass das Bild letztlich nur aufgrund seiner Verteilungs- und Verbreitungsmöglichkeit entstanden ist. Die Alltagswahrnehmung wird implizit auf ihre Medienförmigkeit untersucht und ggf. dahingehend aufgenommen (vgl. Bidlo 2019: 299).

Interessanterweise gehen hier Inszenierung und Authentizität bzw. der Wunsch danach Hand in Hand. Das Teilhabenlassen an ausgewählten Lebensbereichen mit einem vermeintlichen Blick auf die Hinterbühne auf der einen Seite und der zunehmenden Inszenierung dieser Hinterbühne und Überführung auf eine Vorderbühne auf der anderen Seite führen zu dieser paradoxen Situation der inszenierten Authentizität. Eine solche wird auch Teil unserer aus Kommunikation erzeugten Identität (vgl. Flusser, Kap. 7.2). In dem Maße wie digitale Kommunikationsmöglichkeiten, d.h. die entsprechenden Medien (Hard-, Software, Netzwerke) und damit einhergehenden Praktiken ein fester Bestandteil unseres Handelns, Denkens und unseres Alltags geworden sind, wird die Frage nach ‚echter' Kommunikation oder einer bewertenden (normativen) Hierarchisierung von Kommunikationsweisen schwerer zu entscheiden. Aber es ist möglich und angeraten blinde Flecken in der Kommunikation über eine reflexive Zuwendung auszuleuchten und darüber an ein Verstehens-, Verständnis- und Konsensideal heranzurücken.

9. Literaturverzeichnis

Auwärter, Manfred, Kirsch, Edit (Hrsg.) (1976): Seminar: Kommunikation, Interaktion, Identität. Suhrkamp, Frankfurt/Main

Berger, Peter L., Luckmann, Thomas (1980): Die gesellschaftliche Konstruktion der Wirklichkeit. Eine Theorie der Wissenssoziologie. Fischer, Frankfurt/Main

Berger, Roger, Hammer, Ruppert (2007): Die doppelte Kontingent von Elfmeterschüssen. Eine empirische Analyse. In: Soziale Welt, Ausgabe 58, S. 397-418

Bidlo, Oliver (2006): Martin Buber – Ein vergessener Klassiker der Kommunikationswissenschaft? Dialogphilosophie und kommunikationswissenschaftlicher Perspektive. Tectum Verlag, Marburg.

Bidlo, Oliver (2007): Dialog und Kommunikation. Martin Buber und die Kommunikationswissenschaft. In: Geier, Fabian, Spahn, Andreas, Spahn, Christian (Hrsg.) (2007): Perspektiven philosophischer Forschung. Oldib Verlag, Essen, S. 124-140.

Bidlo, Oliver (2008): Vilém Flusser. Einführung. Oldib Verlag. Essen.

Bidlo, Oliver (2015): Kleine Soziologie der Emotionen im Theater. In: Theapakos. Interdisziplinäre Zeitschrift für Theater und Theaterpädagogik. Nr. 26, Januar 2015, S. 4-10.

Bidlo, Oliver (2018a): Vom Flurfunk zum Scrollbalken. Mediatisierungsprozesse bei der Polizei. Oldib Verlag, Essen.

Bidlo, Oliver (2018b): Medienästhetisierung und Mediatisierung des Alltags als Formen der kommunikativen Konstruktion der Wirklichkeit. In: Reichertz, Jo, Bettmann, Richard (Hrsg.) (2018): Kommunikation – Medien – Konstruktion. Braucht die Mediatisierungsforschung den Kommunikativen Konstruktivismus? SpringerVS, Wiesbaden, S. 171-192.

Bidlo, Oliver (2019): Medienästhetik und Alltagswelt. Studien zur Mediatisierung. Oldib Verlag, Essen.

Bidlo, Oliver (2020): Bildung im Schatten? Eine hermeneutisch-wissenssoziologische Untersuchung zu Nachhilfeinstituten und digitalen Lernplattformen. Oldib Verlag, Essen

Buber, Martin (1962): Werke. Band I: Schriften zur Philosophie. Kösel, München und Lambert Schneider ,Heidelberg

Carnap, Rudolf (1998 [1928]): Der logische Aufbau der Welt. Felix Meiner Verlag, Hamburg

Flusser, Vilém (1998): Vom Subjekt zum Projekt. Menschwerdung. Fischer, Frankfurt/Main

Flusser, Vilém (1999): Ins Universum der technischen Bilder. European Photography, Göttingen

Flusser, Vilém (2000a): Die Informationsgesellschaft: Phantom oder Realität? In: Matejovski, Dirk (Hrsg.) (2000), 11-18

Flusser, Vilém (2000b): Telematik: Verbündelung oder Vernetzung? In: Matejovski, Dirk (Hrsg., 2000), 204-210.

Flusser, Vilém (2002): Medienkultur. Fischer Taschenbuch, Frankfurt/Main

Flusser, Vilém (2003) Kommunikologie. Fischer Taschenbuch, Frankfurt/Main

Goffman, Erving (1974): Das Individuum im öffentlichen Austausch. Suhrkamp, Frankfurt/Main

Goffman, Erving (1975): Interaktionsrituale. Über Verhalten in direkter Kommunikation. Suhrkamp, Frankfurt/Main

Goffman, Erving (2001): Wir alle spielen Theater. Die Selbstdarstellung im Alltag. Piper, München

Gumbrecht, Hans Ulrich, Pfeiffer, K. Ludwig (Hrsg.) (1988): Materialität der Kommunikation. Suhrkamp, Frankfurt/Main

Habermas, Jürgen (1990): Strukturwandel der Öffentlichkeit. Untersuchungen zu einer Kategorie der bürgerlichen Gesellschaft. Suhrkam, Frankfurt/Main

Holzer, Horst (1973): Kommunikationssoziologie. Rowohlt, Hamburg

Jaspers, Karl (1956): Philosophie. Existenzerhellung. Band II, Springer Verlag, Berlin, Göttingen, Heidelberg

Jauß, Hans Robert (1970): Literaturgeschichte als Provokation. Suhrkamp, Frankfurt/Main

Jauß, Hans Robert (1977): Ästhetische Erfahrung und literarische Hermeneutik. Band I: Versuche im Feld der ästhetischen Erfahrung. UTB/Wilhelm Fink Verlag, München

Keupp, Heiner (o.J.): Fragmente oder Einheit? Wie heute Identität geschaffen wird. Unter: http://www.ipp-muenchen.de/texte/fragmente_oder_einheit.pdf, Zugriff am 11.09.2021

Krotz, Friedrich (2008): Sind Medien Kanäle? Ist Kommunikation Informationstransport? Das mathematisch/technische Kommunikationsmodell und die sozialwissenschaftliche Kommunikationsforschung. In: Rehberg, K.-S. (Hrsg.): Die Natur der Gesellschaft: Verhandlungen des 33. Kongresses der Deutschen Gesellschaft für Soziologie in Kassel 2006. Teilbd. 1 u. 2 (S. 1044-1059). Campus, Frankfurt/Main

Luhmann, Niklas (1970): Soziologische Aufklärung. Aufsätze zur Theorie sozialer Systeme. Westdeutscher Verlag,Opladen,

Luhmann, Niklas (1996): Soziale Systeme. Suhrkamp, Frankfurt/Main

Luhmann Niklas (2001): Aufsätze und Reden. Reclam, Stuttgart

Matejovski, Dirk (2000) (Hrsg.): Neue schöne Welt. Lebensformen der Informationsgesellschaft. Campus, Frankfurt/-Main

McLuhan, Marshall (1968): Die Gutenberg-Galaxis. Das Ende des Buchzeitalters. Econ Verlag, Düsseldorf

McLuhan, Marshall (2001): Das Medium ist die Botschaft. Verlag der Kunst G+B Fine Arts, Dresden

Mead, George Herbert (1993): Geist, Identität und Gesellschaft. Suhrkamp, Frankfurt/Main

Prokop, Dieter (1972) (Hrsg.): Massenkommunikationsforschung. 1: Produktion. Fischer, Frankfurt/Main

Prokop, Dieter (1973) (Hrsg.): Massenkommunikationsforschung. 2: Konsumtion. Fischer, Frankfurt/Main

Reichertz, Jo (2009): Kommunikationsmacht. Was ist Kommunikation und was vermag sie? Und weshalb vermag sie das? VS Verlag, Wiesbaden

Rosa, Hartmut (2012): Weltbeziehungen im Zeitalter der Beschleunigung. Umrisse einer neuen Gesellschaftskritik. Suhrkamp, Berlin

Rosa, Hartmut (2016): Resonanz. Eine Soziologie der Weltbeziehung. Suhrkamp, Berlin

Rühl, Manfred (2018): Kommunikationswissenschaft. Selbstbeschreibung einer Sozialwissenschaft. SpringerVS, Wiesbaden

Schäfers, Bernhard (2016): Sozialgeschichte der Soziologie. Die Entwicklung der soziologischen Theorie seit der Doppelrevolution. SpringerVS, Wiesbaden

Schütz, Alfred (1993 [1932]): Der sinnhafte Aufbau der sozialen Welt. Eine Einleitung in die verstehende Soziologie. Suhrkamp Verlag, Frankfurt/Main

Schütz, Alfred, Luckmann, Thomas (1994): Strukturen der Lebenswelt. Band 1, Suhrkamp Verlag, Frankfurt/Main

Strohmaier, Eckart (1979): Dialoge des Sokrates In: Heinrichs, Wilfried, Rump, Gerhard Charles (Hrsg.) (1979): Dialoge. Beiträge zur Interaktions- und Diskursanalyse, Gerstenberg Verlag, Hildesheim, 99-115

Toffler, Alvin (1983): Zukunftschance. Perspektiven für die Gesellschaft des 21. Jahrhunderts. Goldmann Verlag, München

Ungeheuer, Gerold (1987): Kommunikationstheoretische Schriften 1: Sprechen, Mitteilen, Verstehen. Alano Verlag, Aachen

Ungeheuer, Gerold (2010): Einführung in die Kommunikationstheorie. Nodus Publikationen, Münster

Watzlawick, Paul, Beavin, Janet H., Jackson, Don D. (1969): Menschliche Kommunikation. Formen, Störungen, Paradoxien. Verlag Hans Huber, Bern, Stuttgart, Toronto.

Vor dem Hintergrund einer weitreichenden Mediatisierung, die durch die digitalen Medien eine wesentliche Dynamisierung erfahren hat, vollzieht sich eine Medienästhetisierung des Alltags. Die Mediatisierung bringt eine neue Medienästhetik hervor, die sich tiefenästhetisch in die Gesellschaft und die Art und Weise, wie Menschen miteinander kommunizieren und Welt erfahren, einschreibt. Während bisher eine solche Ästhetik zwischen Produktion und Rezeption angesiedelt wurde, wird hier aufgezeigt, dass eine Medienästhetik, die im Besonderen durch die digitalen Medien geprägt ist, eine triadische Struktur aufweist. Neben der Produktion und Rezeption tritt nun insbesondere die Distribution digitaler Inhalte. Medienanthropologisch scheint der Prodisument die Medienfigur der Stunde zu sein, durch den sich die Produktion, Distribution und Konsumtion digitaler Inhalte vollzieht. Der Entwurf medienästhetischer Artefakte ist daran anschließend geprägt von einem Denken in Modulen: Solche Artefakte sind Symbolcontainer, die immer wieder zu neuen, größeren Modulen zusammengefasst werden können. Hieraus ergibt sich eine interessante Dialektik: Zum einen reduzieren diese Versatzstücke die Wahlmöglichkeiten. Zum anderen ermöglichen sie erst die Produktion neuer digitaler Artefakte, die geprägt sind von Iterationen und der (ewigen) Wiederkehr des Ähnlichen.

Der vorliegende Band weist eine solche triadische Medienästhetik an unterschiedlichen Fallbeispielen aus, die vom Tattoo, dem Wandel von literaler hin zu einer digitalen Kommunikationskultur, der Figur des Leserreporters, Open Source, dem medienästhetischen Entwurf von Tourismusräumen bis hin zur Digitalisierung der Nachhilfe reichen und schlussendlich zu einer Ästhetik der Überwachung führen.

380 Seiten, 28,50 Euro, 978-3-939556-61-9

www.oldib-verlag.de, info@oldib-verlag.de